書名：三元地學秘傳
系列：心一堂術數古籍珍本叢刊　堪輿類
作者：【清】何文源撰
主編、責任編輯：陳劍聰
心一堂術數古籍珍本叢刊編校小組：陳劍聰　素聞　梁松盛　鄒偉才　虛白盧主

出版：心一堂有限公司
通訊地址：香港九龍旺角彌敦道六一〇號荷李活商業中心十八樓〇五—〇六室
深港讀者服務中心：中國深圳市羅湖區立新路六號羅湖商業大厦負一層〇〇八室
電話號碼：(852)67150840
網址：publish.sunyata.cc
電郵：sunyatabook@gmail.com
網店：http://book.sunyata.cc
淘寶店地址：https://shop210782774.taobao.com
微店地址：https://weidian.com/s/1212826297
臉書：https://www.facebook.com/sunyatabook
讀者論壇：http://bbs.sunyata.cc/

版次：二零一四年五月初版
平裝

定價：港幣　二百八十元正
　　　人民幣　二百八十元正
　　　新台幣　九百八十元正

國際書號：ISBN 978-988-8266-76-0

香港發行：香港聯合書刊物流有限公司
地址：香港新界大埔汀麗路36號中華商務印刷大廈3樓
電話號碼：(852)2150-2100
傳真號碼：(852)2407-3062
電郵：info@suplogistics.com.hk

台灣發行：秀威資訊科技股份有限公司
地址：台灣台北市內湖區瑞光路七十六巷六十五號一樓
電話號碼：+886-2-2796-3638
傳真號碼：+886-2-2796-1377
網絡書店：www.bodbooks.com.tw
台灣國家書店讀者服務中心：
地址：台灣台北市中山區松江路二〇九號一樓
電話號碼：+886-2-2518-0207
傳真號碼：+886-2-2518-0778
網絡書店：http://www.govbooks.com.tw

中國大陸發行　零售：深圳心一堂文化傳播有限公司
深圳地址：深圳市羅湖區立新路六號羅湖商業大厦負一層〇〇八室
電話號碼：(86)0755-82224934

心一堂微店二維碼

心一堂淘寶店二維碼

心一堂術數古籍珍本叢刊 總序
整理

術數定義

術數，大概可謂以「推算（推演）、預測人（個人、群體、國家等）、事、物、自然現象、時間、空間方位等規律及氣數，並或通過種種『方術』，從而達致趨吉避凶或某種特定目的」之知識體系和方法。

術數類別

我國術數的內容類別，歷代不盡相同，例如《漢書・藝文志》中載，漢代術數有六類：天文、曆譜、五行、蓍龜、雜占、形法。至清代《四庫全書》，術數類則有：數學、占候、相宅相墓、占卜、命書、相書、陰陽五行、雜技術等，其他如《後漢書・方術部》、《藝文類聚・方術部》、《太平御覽・方術部》等，對於術數的分類，皆有差異。古代多把天文、曆譜、及部份數學均歸入術數類，而民間流行亦視傳統醫學作為術數的一環；此外，有些術數與宗教中的方術亦往往難以分開。現代學界則常將各種術數歸納為五大類別：命、卜、相、醫、山，通稱「五術」。

本叢刊在《四庫全書》的分類基礎上，將術數分為九大類別：占筮、星命、相術、堪輿、選擇、三式、讖諱、理數（陰陽五行）、雜術（其他）。而未收天文、曆譜、算術、宗教方術、醫學。

術數思想與發展——從術到學，乃至合道

我國術數是由上古的占星、卜筮、形法等術發展下來的。其中卜筮之術，是歷經夏商周三代而通過

「龜卜、蓍筮」得出卜（筮）辭的一種預測（吉凶成敗）術，之後歸納並結集成書，此即現傳之《易經》。經過春秋戰國至秦漢之際，受到當時諸子百家的影響、儒家的推崇，遂有《易傳》等的出現，原本是卜筮術書的《易經》，被提升及解讀成有包涵「天地之道（理）」之學。因此，《易・繫辭傳》曰：「易與天地準，故能彌綸天地之道。」

漢代以後，易學中的陰陽學說，與五行、九宮、干支、氣運、災變、律曆、卦氣、讖緯、天人感應說等相結合，形成易學中象數系統。而其他原與《易經》本來沒有關係的術數，如占星、形法、選擇，亦漸漸以易理（象數學說）為依歸。《四庫全書・易類小序》云：「術數之興，多在秦漢以後。要其旨，不出乎陰陽五行，生尅制化。實皆《易》之支派，傳以雜說耳。」至此，術數可謂已由「術」發展成「學」。

及至宋代，術數理論與理學中的河圖洛書、太極圖、邵雍先天之學及皇極經世等學說給合，通過術數以演繹理學中「天地中有一太極，萬物中各有一太極」（《朱子語類》）的思想。術數理論不單已發展至十分成熟，而且也從其學理中衍生一些新的方法或理論，如《梅花易數》、《河洛理數》等。

在傳統上，術數功能往往不止於僅僅作為趨吉避凶的方術，及「能彌綸天地之道」的學問，亦有其「修心養性」的功能，「與道合一」（修道）的內涵。《素問・上古天真論》：「上古之人，其知道者，法於陰陽，和於術數。」數之意義，不單是外在的算數、歷數、氣數，而是與理學中同等的「道」、「理」--心性的功能，北宋理氣家邵雍對此多有發揮：「聖人之心，是亦數也」、「萬化萬事生乎心」、「心為太極」。《觀物外篇》：「先天之學，心法也。……蓋天地萬物之理，盡在其中矣，心一而不分，則能應萬物。」反過來說，宋代的術數理論，受到當時理學、佛道及宋易影響，認為心性本質上是等同天地之太極。天地萬物氣數規律，能通過內觀自心而有所感知，即是內心也已具備有術數的推演及預測、感知能力；相傳是邵雍所創之《梅花易數》，便是在這樣的背景下誕生。

《易・文言傳》已有「積善之家，必有餘慶；積不善之家，必有餘殃」之說，至漢代流行的災變說及讖緯說，我國數千年來都認為天災，異常天象（自然現象），皆與一國或一地的施政者失德有關；下至家族、個人之盛衰，也都與一族一人之德行修養有關。因此，我國術數中除了吉凶盛衰理數之外，人心的德行修養，也是趨吉避凶的一個關鍵因素。

術數與宗教、修道

在這種思想之下，我國術數不單只是附屬於巫術或宗教行為的方術，又往往是一種宗教的修煉手段——通過術數，以知陰陽，乃至合陰陽（道）。「其知道者，法於陰陽，和於術數。」例如，「奇門遁甲」術中，即分為「術奇門」與「法奇門」兩大類。「法奇門」中有大量道教中符籙、手印、存想、內煉的內容，是道教內丹外法的一種重要外法修煉體系。甚至在雷法一系的修煉上，亦大量應用了術數內容。此外，相術、堪輿術中也有修煉望氣（氣的形狀、顏色）的方法；堪輿家除了選擇陰陽宅之吉凶外，也有道教中選擇適合修道環境（法、財、侶、地中的地）的方法，以至通過堪輿術觀察天地山川陰陽之氣，亦成為領悟陰陽金丹大道的一途。

易學體系以外的術數與的少數民族的術數

我國術數中，也有不用或不全用易理作為其理論依據的，如揚雄的《太玄》、司馬光的《潛虛》。也有一些占卜法、雜術不屬於《易經》系統，不過對後世影響較少而已。

外來宗教及少數民族中也有不少雖受漢文化影響（如陰陽、五行、二十八宿等學說）但仍自成系統的術數，如古代的西夏、突厥、吐魯番等占卜及星占術，藏族中有多種藏傳佛教占卜術、苯教占卜術、擇吉術、推命術、相術等；北方少數民族有薩滿教占卜術；不少少數民族如水族、白族、布朗族、佤族、彝族、苗族等，皆有占雞（卦）草卜、雞蛋卜等術，納西族的占星術、占卜術，彝族畢摩的推命術、占卜術……等等，都是屬於《易經》體系以外的術數。相對上，外國傳入的術數以及其理論，對我國術數影響更大。

曆法、推步術與外來術數的影響

我國的術數與曆法的關係非常緊密。早期的術數中，很多是利用星宿或星宿組合的位置（如某星在某州或某宮某度）付予某種吉凶意義，并據之以推演，例如歲星（木星）、月將（某月太陽所躔之宮次）等。不過，由於不同的古代曆法推步的誤差及歲差的問題，若干年後，其術數所用之星辰的位置，已與真實星辰的位置不一樣了；此如歲星（木星），早期的曆法及術數以十二年為一周期（以應地支），與木星真實周期十一點八六年，每幾十年便錯一宮。後來術家又設一「太歲」的假想星體來解決，是歲星運行的相反，週期亦剛好是十二年。而術數中的神煞，很多即是根據太歲的位置而定。又如六壬術中的「月將」，原是立春節氣後太陽躔娵訾之次而稱作「登明亥將」，至宋代，因歲差的關係，要到雨水節氣後太陽才躔娵訾之次，當時沈括提出了修正，但明清時六壬術中「月將」仍然沿用宋代沈括修正的起法沒有再修正。

由於以真實星象周期的推步術是非常繁複，而且古代星象推步術本身亦有不少誤差，大多數術數除依曆書保留了太陽（節氣）、太陰（月相）的簡單宮次計算外，漸漸形成根據干支、日月等的各自起例，以起出其他具有不同含義的眾多假想星象及神煞系統。唐宋以後，我國絕大部份術數都主要沿用這一系統，也出現了不少完全脫離真實星象的術數，如《子平術》、《紫微斗數》、《鐵版神數》等。後來就連一些利用真實星辰位置的術數，如《七政四餘術》及選擇法中的《天星選擇》，也已與假想星象及神煞混合而使用了。

隨着古代外國曆（推步）、術數的傳入，如唐代傳入的印度曆法及術數，元代傳入的回回曆等，其中我國占星術便吸收了印度占星術中羅睺星、計都星等而形成四餘星，又通過阿拉伯占星術而吸收了其中來自希臘、巴比倫占星術的黃道十二宮、四元素學說（地、水、火、風），並與我國傳統的二十八宿、五行說、神煞系統並存而形成《七政四餘術》。此外，一些術數中的北斗星名，不用我國傳統的星名：天樞、天璇、天璣、天權、玉衡、開陽、搖光，而是使用來自印度梵文所譯的：貪狼、巨門、祿存、文曲，廉貞、武曲、破軍等，此明顯是受到唐代從印度傳入的曆法及占星術所影響。如星命術的《紫微斗數》及堪輿術的《撼龍經》等文獻中，其星皆用印度譯名。及至清初《時憲曆》，置閏之法則改用西法「定氣」。清代以後的術數，又作過不少的調整。

陰陽學——術數在古代、官方管理及外國的影響

術數在古代社會中一直扮演着一個非常重要的角色，影響層面不單只是某一階層、某一職業、某一年齡的人，而是上自帝王，下至普通百姓，從出生到死亡，不論是生活上的小事如洗髮、出行等，大事如建房、入伙、出兵等，從個人、家族以至國家，從天文、氣象、地理到人事、軍事，從民俗、學術到宗教，都離不開術數的應用。我國最晚在唐代開始，已把以上術數之學，稱作陰陽（學），行術數者稱陰陽人。（敦煌文書、斯四三二七唐《師師漫語話》：「以下說陰陽人謾語話」，此說法後來傳入日本，今日本人稱行術數者為「陰陽師」）。一直到了清末，欽天監中負責陰陽術數的官員中，以及民間術數之士，仍名陰陽生。

古代政府的中欽天監（司天監），除了負責天文、曆法、輿地之外，亦精通其他如星占、選擇、堪輿等術數，除在皇室人員及朝庭中應用外，也定期頒行日書、修定術數，使民間對於天文、日曆用事吉

凶及使用其他術數時，有所依從。

中國古代政府對官方及民間陰陽學及陰陽官員，從其內容、人員的選拔、培訓、認證、考核、律法監管等，都有制度。至明清兩代，其制度更為完善、嚴格。

宋代官學之中，課程中已有陰陽學及其考試的內容。（宋徽宗崇寧三年〔一一零四年〕崇寧算學令：「諸學生習……並曆算、三式、天文書。」，「諸試……三式即射覆及預占三日陰陽風雨。天文即預定一月或一季分野災祥，並以依經備草合問為通。」

金代司天臺，從民間「草澤人」（即民間習術數之士）考試選拔：「其試之制，以《宣明曆》試推步，及《婚書》、《地理新書》試合婚、安葬，並《易》筮法，六壬課、三命、五星之術。」（《金史》卷五十一・志第三十二・選舉一）

元代為進一步加強官方陰陽學對民間的影響、管理、控制及培育，除沿襲宋代、金代在司天監掌管陰陽學及中央的官學陰陽學課程之外，更在地方上增設陰陽學之課程（《元史・選舉志一》：「世祖至元二十八年夏六月始置諸路陰陽學。」）地方上也設陰陽學教授員，培育及管轄地方陰陽人。（《元史・選舉志一》：「（元仁宗）延祐初，令陰陽人依儒醫例，於路、府、州設教授員，凡陰陽人皆管轄之，而上屬於太史焉。」）自此，民間的陰陽術士（陰陽人），被納入官方的管轄之下。

至明清兩代，陰陽學制度更為完善。中央欽天監掌管陰陽學，明代地方縣設陰陽學正術，各州設陰陽學典術，各縣設陰陽學訓術。陰陽人從地方陰陽學肄業或被選拔出來後，再送到欽天監考試。（《大明會典》卷二二三：「凡天下府州縣舉到陰陽人堪任正術等官者，俱從吏部送（欽天監），考中，送回選用；不中者發回原籍為民，原保官吏治罪。」）清代大致沿用明制，凡陰陽術數之流，悉歸中央欽天監及地方陰陽官員管理、培訓、認證。至今尚有「紹興府陰陽印」、「東光縣陰陽學記」等明代銅印，及某某縣某某之清代陰陽執照等傳世。

清代欽天監漏刻科對官員要求甚為嚴格。《大清會典》「國子監」規定：「凡算學之教，設肄業生。滿洲十有二人，蒙古、漢軍各六人，於各旗官學內考取。漢十有二人，於舉人、貢監生童內考取。附學生二十四人，由欽天監選送。教以天文演算法諸書，五年學業有成，舉人引見以欽天監博士用，貢監生童以天文生補用。」學生在官學肄業、貢監生肄業或考得舉人後，經過了五年對天文、算法、陰陽學的學習，其中精通陰陽術數者，會送往漏刻科。而在欽天監供職的官員，《大清會典則例》「欽天監」規定：「本監官生三年考核一次，術業精通者，保題升用。不及者，停其升轉，再加學習。如能黽勉供職，即予開複。仍不及者，降職一等，再令學習三年，能習熟者，准予開複，仍不能者，黜退。」除定期考核以定其升用降職外，《大清律例》中對陰陽術士不準確的推斷（妄言禍福）是要治罪的。《大清律例．一七八．術七．妄言禍福》：「凡陰陽術士不許於大小文武官員之家妄言禍福，違者杖一百。其依經推算星命卜課，不在禁限。」大小文武官員延請的陰陽術士，自然是以欽天監漏刻科官員或地方陰陽官員為主。

官方陰陽學制度也影響鄰國如朝鮮、日本、越南等地，一直到了民國時期，鄰國仍然沿用着我國的多種術數。而我國的漢族術數，在古代甚至影響遍及西夏、突厥、吐蕃、阿拉伯、印度、東南亞諸國。

術數研究

術數在我國古代社會雖然影響深遠，「是傳統中國理念中的一門科學，從傳統的陰陽、五行、九宮、八卦、河圖、洛書等觀念作大自然的研究。……傳統中國的天文學、數學、煉丹術等，要到上世紀中葉始受世界學者肯定。可是，術數還未受到應得的注意。術數在傳統中國科技史、思想史，文化史、社會史，甚至軍事史都有一定的影響。……更進一步了解術數，我們將更能了解中國歷史的全貌。」（何丙郁《術數、天文與醫學中國科技史的新視野》，香港城市大學中國文化中心。）

可是術數至今一直不受正統學界所重視，加上術家藏秘自珍，又揚言天機不可洩漏，「（術數）乃吾國科學與哲學融貫而成一種學說，數千年來傳衍嬗變，或隱或現，全賴一二有心人為之繼續維繫，賴以不絕，其中確有學術上研究之價值，非徒癡人說夢，荒誕不經之謂也。其所以至今不能在科學中成立一種地位者，實有數困。蓋古代士大夫階級目醫卜星相為九流之學，多恥道之；而發明諸大師又故為惝恍迷離之辭，以待後人探索；間有一二賢者有所發明，亦秘莫如深，既恐洩天地之秘，復恐譏為旁門左道，始終不肯公開研究，成立一有系統說明之書籍，貽之後世。故居今日而欲研究此種學術，實一極困難之事。」（民國徐樂吾《子平真詮評註》，方重審序）

現存的術數古籍，除極少數是唐、宋、元的版本外，絕大多數是明、清兩代的版本。其內容也主要是明、清兩代流行的術數，唐宋以前的術數及其書籍，大部份均已失傳，只能從史料記載、出土文獻、敦煌遺書中稍窺一鱗半爪。

術數版本

坊間術數古籍版本，大多是晚清書坊之翻刻本及民國書賈之重排本，其中豕亥魚魯，或而任意增刪，往往文意全非，以至不能卒讀。現今不論是術數愛好者，還是民俗、史學、社會、文化、版本等學術研究者，要想得一常見術數書籍的善本、原版，已經非常困難，更遑論稿本、鈔本、孤本。在文獻不足及缺乏善本的情況下，要想對術數的源流、理法、及其影響，作全面深入的研究，幾不可能。

有見及此，本叢刊編校小組經多年努力及多方協助，在中國、韓國、日本等地區搜羅了一九四九年以前漢文為主的術數類善本、珍本、鈔本、孤本、稿本、批校本等數百種，精選出其中最佳版本，分別輯入兩個系列：

一、心一堂術數古籍珍本叢刊

二、心一堂術數古籍整理叢刊

前者以最新數碼技術清理、修復珍本原本的版面，更正明顯的錯訛，部份善本更以原色精印，務求更勝原本，以饗讀者。後者延請、稿約有關專家、學者，以善本、珍本等作底本，參以其他版本，進行審定、校勘、注釋，務求打造一最善版本，供現代人閱讀、理解、研究等之用。不過，限於編校小組的水平，版本選擇及考證、文字修正、提要內容等方面，恐有疏漏及舛誤之處，懇請方家不吝指正。

心一堂術數古籍 珍本 整理 叢刊編校小組

二零一三年九月修訂

地學秘傳

序

天地之道一陰陽也陰陽之道一雌雄也相為對待相為流行也是故圖書呈其兆也卦爻推其理也在天成象若乾綱也在地成形昭人紀也源自束髮受書以來幼習詩文壯失怙恃遵先君遺命孝思堪輿見之汗牛充棟謬訛相傳諸子百家是非錯出雖苦心考証而從從末由茫乎莫得其畔岸近年來親師訪友歷覌古來名墓以考其離合証其是非其間賢者識大不賢者識

小廉不益收而益蓄焉又將办正原注死心自悟以实
求之中庸易簡之理其有不合於佈而思之夜以繼日
至于用力既久恍然若有所会並後知郭楊曾蔣之書
祗此與知與能之理初托索既行悟以自矜其智也夫
地序之秘本于河圖洛書而圖書之用尽在先后二天
先天之位曰乾一兌二離三震四巽五坎六艮七坤八
后天之數曰坎一坤二震三巽四中五乾六兌七艮八
離九此河洛之數與先后二天相為表裏而其实則同
出于一源也易曰河出圖洛出書聖人則之於此也斯
理甚秘而实在眼前若一指明触处可覩而楊曾諸公
必深藏秘惜引而不发於何哉盖性與天道夫子罕言
而江湖遊食之徒又皆倒裝生旺反用休囚杜陵蔣公
不忍斯民之顛倒于是取當世相傳之書訂其紕謬而
其秘於輙不敢宣厥後習于蔣教於又皆支離百出以
訛傳訛將以闡明蔣公之意而反以失之蔣公之旨豈
知办正一書任人自悟笱犯反覆推詳玩索而后得于
中鮮有不失其本源自相矛盾於逸詩云素以為絢
本素以為絢而犯印素印絢也以野夏之高明猶不免

亦難于疑似之間而況聰明才力萬萬不及古人者哉
我欲後之學者本正之註求其至易至簡以合于中
庸由是以中庸之理參稽而互考之則一本可散為萬
殊萬殊仍歸于一本而河洛之秘與先后二天之理合
同而化矣是即所謂真陰陽真夫婦真賓主真雌雄即
費即隱散之則彌六合卷之則退藏于密也嗚呼道在
邇而求諸遠事在易而求諸難此予之所以裁經團挍
而亦讀地理亦正者之通誤也
道光庚戌年楚郴陽澄甫何文源序

地學秘中秘

地學之秘理氣形勢盡之矣然二者之中必以形勢為
先故凡玩水觀山必胸有主張觀其山從何處起水從
何處來有一龍行必界兩水之之所起脈隨而起水之
所聚氣隨而鍾而過峽跌斷穿田渡水處必有蛛絲馬
跡草蛇灰線謂之分水脈脊十山九水散而後聚分而
後合處謂之水口觀水路之聚散即知地氣之有無觀
水口之強弱即知此地之大小而到頭結穴之處其星
辰必端莊秀麗其山水必衛護愛惜故青囊經于下經

〻未实指地理〻用曰吹五兆蔣公注云吹五兆以五
星〻正反審察也此形局〻五星兼理氣方位〻星也
至于理氣〻用首排八卦而八卦又分為三卦其法以
甲癸申庚寅丁配巽乾為一卦坤壬乙艮丙辛配辰戌
為一卦子未卯午酉丑配巳亥為一卦凡就与水〻相
為对待山与向〻相為配合在此卦也不可雜彼在彼
卦也不宜雜此並設三卦〻用法始絕又或就為四正
穴必四偶就為四偶穴必四正一干一支互相品配而
天地人三元〻位絲毫不雜此八卦〻用法見于輿語

宝照也斑〻可考也若支卦〻衰旺則必視元運〻转
移以為斷故排六甲重其法分上中下為三元坎坤
震旺于上元兌艮離旺于下元若乾巽則同旺于中元
而巽兼旺于上元乾兼旺于下元来就以得元為旺水
口反〻是以上元坎就必用離水下元坎水必配離就
各以元運分別零正而就与水相為对待江南来就江
北望江西就去望江東山水相对〻訣美本此也八
卦定矣元運審矣又当以九星挨〻故继〻曰布八门
八门也八方〻城门也蔣公云城門通正氣〻出入而

氣不可見其行也必因乎風陽氣勝而和風至則萬物
皆生陰氣勝而飄風發則萬物皆死矣八方之城門斯
天之氣因風而至此挨星之法所以測衰旺而定生死
也自楊曾失傳以來異說爭鳴雜術競盛于是衍之
之說一唱百和然蔣公云此五行原本洛書九氣而上
應北斗而寶照經又引奇門以比論云天之三奇地六
儀天之九星地九宮蔣公注之曰奇門主地從洛書得
來與地理大卦同出一源故其用法大略相似而下卦
起星必以天心正運之卦通乎八卦為上元以坎為統

運而統運之中之吉運之中又分小運蓋統運六
十年吉運二十年小運五年而起例必從小運也是以
甲子乙丑丙寅丁卯戊辰五年為上元從坎一起貪狼
己巳庚午辛未壬申癸酉五年為中元從巽四起文曲
甲戌乙亥丙子丁丑戊寅五年為下元從兌七起破軍
己卯庚辰辛巳壬午癸未五年又為上元六從坎一起
貪狼至坤二當令則甲申乙酉丙戌丁亥戊子五年卯
為中元從坤二起巨門輪流推算而八卦各之上中下
三元上元以貪巨祿為三吉中元以文廉武為三吉下

元以破輔弼為三吉所謂衰旺乃運生死隨時也又九
星之運行在天在天者為天卦八卦之方位在地在地
者為地卦而其用法必以得元為陽失元為陰或所用
之山在本元運內者天卦逆行地卦順取謂之順局其
不在本元運內者天卦順挨地卦逆持謂之逆局蓋天
之行度以逆為順如羅盤之測日影亂將此盤倒排而
逆用之則時不可得而定又如二十八宿之行度其次
第皆用逆數是也而天卦地卦乃順局必乃逆局者、
以九星之運行成功者退將來者進之則其序必順退

則其數必逆也彼時師乃以紅字十二為陽黑字十二
為陰謂陽必順陰必逆者此分定子孫十二位之用亂
陰陽順逆之法也此閑一破然後以三百六十度分配
八卦再將每卦分為三山每山各十五度徑四位而起
父母假如坎山以子為父母所纏之星或為貪狼即從
貪狼起將子山十五度逐一挨去則子為貪壬為文癸
即為破蓋自貪至文為第四位自文至破亦第四位一
四七之局也餘倣此而其立穴作向必看本元得令之
星纏在何處即以此山為收山出煞所用則穴之上下

左右向之偏正饒減盡于此矣若言衰旺生死之办則
止以九星為斷山雖旺而所纏之星反衰者俚之從內
生出山雖衰而所纏之星或旺者俚之從外生入分定
陰陽歸兩路順逆推排去天玉經所俚九星双起雌雄
異妻氏所俚山脈陰陽分兩界又云甲丙庚壬屬陽位
子時占陰不與陽乙辛丁癸屬陰位子時占陽卯與陽
者正俚此也而其交通取用之法則子以九星周挨二
十四山以办泉石之方位者其法止從本山起例子順
挨而逆轉挨至貪巨二星子泉祿文二星子石又子

以到頭三节內之就驗穴中之土色者為甲乙二方來
就作丑山未向甲之星為貪狼屬一白乙之星為巨门
屬二黑丑之星為右弼屬九紫自五以前一二三四之
数用其全自五以後六七八九之數止用其半故此穴
一尺深子白暈二尺深子黑暈四尺五寸深子紫暈也
餘倣此更看生剋之公位而以長中少三男三女之卦
爻斷之斯地理之矩矱盡矣然猶必謹岁時以扶地理
之橐籥也故青囊經繼之曰推五運定六氣五運卯五
紀洪範所俚一曰岁二曰月三曰日四曰星辰五曰曆

數也六氣者天地四時之氣潛移默運循環無端者也蓋天有五星地有八卦分司四序而布五行于四時雖有智者不能以私意妄為道在因其一定之氣以裁成天地之道輔相天地之宜而已若夫術家之說不過江湖游食之徒挾此以為揚錢之術切不可信而用之自禍禍人也並而大德受大地小德受小地不德受惡地天有一定之律彼世之凶暴淫亂貪殘奸偽者若無術家之說何以傾其家絕其祀哉故予裨術家之說不可廢也

地學秘傳

青囊經上卷

澄甫何文源纂輯

天尊地卑陽奇陰耦一六共宗二七同道三八為朋四九為友五十同途闔闢奇耦五兆生成流行終始八體宏布子母分施天地定位山澤通氣雷風相薄水火不相射中五立極臨制四方背一面九三七居旁二八四六縱橫紀綱陽以相陰陰以含陽陽生于陰柔生于剛陰德宏濟陽德順昌是故陽本陰陰育陽天依形地附氣此之謂化始

此篇以無形之氣為天地之始，所推原道之所由來也。夫陽氣屬天而實兆于地之中，聖人作易以明天地之道，皆言陰陽之互為其根者而已。天高而尊，地下而卑，然高者乃下濟之德，卑者乃上行之義。一陰一陽，一奇一耦，其數參伍，所以奇一。言河圖奇耦之數，分列東西南北，參伍不齊，然正所以為奇一之用。其形對待，所以往來。言河圖之數，奇與耦相對，正所以為往來之機。天地無心，聖人無意，自然流露而顯其象于河圖，遂乃一六共宗，二七同道，三八為朋，四九為友，五十同途之象。聖人因其象而求其義，故以奇者屬陽，耦者屬陰，而乃天之一印乃地之六，乃地之二印乃天之七，乃天之三印乃地之八，乃地之四印乃天之九，乃天之五印乃地之十。此陰陽之數，以參伍而奇一也。易曰：五位相得羞祂此也。言河圖以中五為太極，故五得一則為六，是六亦一也；五得二則為七，是七亦二也；五得三則為八，是八亦三也；五得四則為九，是九亦四也；五得五則為十，是十亦五也。所以乃一印乃六，乃二印乃七，乃三印乃八，乃四印乃九，乃五印乃十也。而一六在下，二七必在上，三八在左，四九必在右，五居中則十亦居中。此陰陽之數對待而往來也。易曰：五位相得而各有合，羞祂此也。言河圖之數奇耦相對，一自與六合，二自

其參伍
与七合三自与八合四自与九合五自与
十合計神对待而往来相得而各有合也
而齊一故一奇一耦燦然而不紊以其对待而往来
故奇耦之間一闔一闢潛然而自應此生成所從出
也坎坤震巽神之生数
乾兌艮離神之成数天一生水而地六成之地二
生火而天七成之天三生木而地八成之地四生金
而天九成之天五生土而地十成之一生一成皆陰
陽交姤之妙河圖之数奇者屬天耦者屬地天一生
水地六成之者一六居北々方屬水々
為西方兌金之計生而兌之下二爻為老陽四象老
陽居一故曰天一生水然水之質本陰也故又曰地
六成之蓋一為老陽之位六為老陰之数也地二生
火天七成之者二七居南々方屬火々為東方震木
計生而震之下二爻為少陰四象少陰居二故曰地
二生火然火之質本陽也故又曰天七成之蓋二為
少陰之位七為少陽之数也天三生木地八成之者
三八居東屬木々為北方坎水之計生而坎之下二
爻為少陽四象少陽居三故曰天三生木然木生于
水六陰也故又曰地八成之蓋三為少陽之位八為
少陰之数也地四生金天九成之者四九居西屬金
金為中央坤土之計生而坤之下二爻為老陰四象
老陰居四故曰地四生金然金之質剛六陽也故又
曰天九成之蓋四為老陰之位九為老陽之数也天
五生土地十成之者五為数之中々央屬土以五加
五則為十故十与五合而為土皆陰陽交姤之妙也
二氣相交五行兆焉降于九天之下升于九地之上
周流六虛無有休息始而終々而始無一息不流行
則無一息不交姤當其無而其體渾然已成當其有

而其体秩然矣象聖人因河圖以從数而卦体立焉
夫河圖止矣四象而卦成八体其何也蓋一画成爻
爻其爻也太始之氣已矣一陽是名太陽一交
而成太陰是曰兩儀（陰儀 陽儀）兩儀再交而成少陰少陽
並太陰太陽是曰四象（太陽一 少陰二 少陽三 太陰四）四象三爻而
成八卦曰乾兑離震巽坎艮坤（乾一 兑二 離三 震四 巽五 坎六 艮七 坤八）
蓋即河圖每方二数而析之則各八也故卦之八由
于四象交之三由于三交乾坤為母諸卦為子此八
卦之子母也諸卦自為母六爻為子此一卦之子母

也以此分施造化布滿宇宙之间于是奉陽之乾為
天对以陰之坤為地謂之天地定位陽之艮為山对
以陰之兑為澤謂之山澤通氣陽之震為雷対以陰
之巽為風謂之雷風相薄陽之坎為水对以陰之離
為火謂之水火不相射先贤以為此先天之卦本伏
羲所定实則混沌初分天地闔闢之象也四象虛中
而成五位此中五其八卦托体储精歛仁藏用之所
也故河圖洛書皆以中五立極然河圖陽升陰降上
下初分已可謂之四象而不可謂之四方而中五立

極而後四象則並各正其所矣是乎八方立焉布其
位曰戴九履一左三右七二四為肩六八為足其八
方之位適與八方之數均有聖人即以八卦隸之而
次其序曰坎一坤二震三巽四中五乾六兌七艮八
離九此則四正四維不易之定位也數雖起一而用
实首震蓋咸位之後少陽用事先天主天后天主日
元子継体代父為政也震為雷陽氣之動于下者也 離為日為火皆陽也故以二
卦為少陽先天之乾即后天之離先天之離 即后天之震此后天之用所以首推乎震也易曰帝
出乎震齊乎巽相見乎離致役乎坤説言乎兌戰乎

乾勞乎坎成言乎艮一二三四五六七八九者古今
之代禪推移周而復始者也震巽離坤兌乾坎艮者
日月之出沒四時之氣机運行迭謝循环無端者也
先賢以此為后天之卦者此大禹治水神亀出洛文
王因之而定八卦之序者此也是河圖洛書紀乎二
數先后二天紀乎二位特先天以陰陽之对待者言
乎彼此而無方隅后天以陰陽之流行者言則乎方
隅矣至其作卦之旨要在于陰陽之互根則一也夫
易之道貴陽賤陰而此云陽然相陰者何也蓋陽之

妙不在于陽而在于陰〻中之陽乃真陽也故陰為
之感而陽來應〻〻似乎陰反為君陽反為相此經言
神明之首也剛柔卯陰陽也与形之氣陽剛而陰柔
九星在天其氣陽 山脈在地其氣陰 弓形之質陰剛而陽柔 就穴弓形 可見其質
剛九星与形 可見其氣柔 于弓形之剛質生与形之柔氣質生氣
氣还生質故曰柔生于剛也凡其所以能為相助能
為包含生〻不息者是故則以陰〻与陽固自弓其
德也由是可以知天地之道矣天地之道陽常本于
陰而陰常能育陽故天氣廓然空虛故為天也其氣

常依于弓形而与時不下濟地氣塊然不動故為地
也其形常附于元氣而与時不上升然則天之氣常
在地中而地之氣皆天之氣陰陽雖曰二氣亦一氣
耳所以生天地皆此氣所以生萬物皆此氣故曰
化始也

中卷

天弓五星地弓五行天分星宿地列山川氣行于地形
麗于天因形察氣以立人紀紫微天極太乙之御君臨
四正南面而治天市春宮少微西掖太微南垣旁照四

極四七為經五德為緯運乾坤輿垂光乾紀七政樞機流通終始地德上載天光下臨陰用陽朝陽用陰應陰陽相見福祿永貞陰陽相乘禍咎踵門天之所臨地之所感形止氣蓄萬物化生氣感而應鬼福及人是故天之象地之形上下相須而成一体此之謂化機

此篇以之形之象為天地之机而指示氣之所從受也上文玩明河図洛書先后二天之理聖人作易之道與天地陰陽之秘盡于此矣然聖人不自作易其四象八卦皆仰法于天故此篇首以天道言之易之八卦取象于地之五行而地之五行实因天之五曜天之星宿五曜之分光列象于地也地之山川五行之成形結搆地也故山川列宿而常具列宿之形觀其形之所呈即以知其氣之所稟聖人仰觀俯察人紀從此立焉木為歲星其方為東其令為春其德為仁火為熒惑其方為南其令為夏其德為礼土為鎮星其方為中央其令為季夏其德為信金為太白其方為西其令為秋其德為義水為辰星其方為朔其令為冬其德為智洪範所謂敬用五事嚮用五福也

紀八政。皇極垣微垣淺此出星至人御諸星擁一天
地之道也。備言天体。則為七政以司元化。日月五星
是也。為四垣以鎮四方。紫微天市太微少微是也。為
二十八宿以分布周天。蒼龍七宿角亢氐房心尾箕。
玄武七宿斗牛女虛危室壁。白虎七宿奎婁胃昴畢
觜參。朱雀七宿井鬼柳星張翼軫是也。四垣即四象。
七政即陰陽五行之根本。其樞在北斗。而分之四方。
則為二十八宿。故房虛昴星應日。心危畢張應月。角
斗奎井應歲星。尾室觜翼應熒惑。亢牛婁鬼應太白。
箕壁參軫應辰星。氐女胃柳應鎮星。以制其方各一
七政也。言東西南北各為七宿。七宿之中第一宿為木星。第二宿為金星。第三宿為土星。第四為日。第五為月。第六為火星。第七為水星。謂每方各一七政也。渾天周匝。雖云四方。
而已備二十四爻之象矣。紀經與以立極。紀緯與以
嬗化。一經一緯。貞陰貞陽之交道也。經者不動之象。緯則隨時變易者也。紀經則金木水火土之行度。不知經在何處。紀緯則春夏秋冬之氣机與以轉移。故以二十八宿為經者。以立極也。金木水火土為緯者。以嬗化也。蓋地理之道為人紀之一端。
此端既立。則諸政以次應之。故聖人重其事。其用在
地。而必求其端于天。本其氣之所自來。過並氣不可

見而形可見不可見之氣卬寓于上為可見之形〻皆
氣之既成而卬以載氣〻發于天而載之此地氣本
屬陽而承之此陰故為陰卬為陽地得其所則天氣
歸之天地與時不交会陰陽與時不相見相見而得
其沖和之正則為福德之門相見而不得其沖和之
正卬名相乘而為禍咎之根禍福殊途祇爭一間良
足畏也故地理之道必使我所取之形足以納氣而
氣不我去則形與氣合而為一必使我所據之地足
以承天而天不我隔則地與天合而為一天地形氣
既合而為一則坟塋之骨亦與天地之氣為一而死
魄生人氣脈灌輸亦無不一福應之來若机張審栝
所謂化机也

下卷

無極而太極也理寓于氣〻囿于形日月星宿剛氣上
騰山川草木柔氣下凝資陽以昌用陰以成陽德為象
陰德為位地為四勢氣從八方外氣行形內氣止生乘
風則散界水則止是故順五兆用八卦排六甲布八門
推五運定六氣明地德立人道因變化原德治[illegible]之祖

化成

此篇申明形氣雖殊而其理則一示人因形求氣乃地理之準繩也易曰易有太極是生兩儀太極者萬殊之祖根也無象無數無方隅無往不在言太極則無極可知故申言以明之曰無極而太極也大而天地細而萬物山川草木回勢八方皆太極御之回勢之中各自有象則八方之中各自有氣然此諸方之氣皆流行之氣苟任其流行而無所以蓄則從八方而來者還從八方而去千山萬水僅供耳目之玩哉

有為之內氣者所謂內氣死內所自有差御外來流行之氣于是乎以有此一此則八方之行形者皆拾攝翕聚于此是一止而無不止于此而言太極乃為真太極矣然但從言止而不申明所以止之義恐世之審氣者茫乎無所措手故舉氣之最大而流行無間者曰風曰水夫風有氣而無形氣乎陽者也水有形而並有氣氣乎陰者也風發乎天是為天之氣也故為陽水流乎地是地之氣也故為陰然風氣乎陽而陽中有陰乎水氣乎陰而陰中有陽乎二者皆行氣之物氣之陽者從風而行

氣之陰者從水而行而行陽氣者反於散陽〃陽中之陰也行陰氣者反於止陽以陰中之陽也風雖乘乎陽而失元則為陰水雖乘乎陰而得元則為陽但風以當令者為得元水以不當令者乃得元其用法之殊耳大塊之間何處無風何處無水風原不能散氣所以噓之使散者病在乎乘穴雖生旺而氣口之衰敗之風則裡之乘水原不能止氣所以吸之使止者妙在乎界水亦從之自高而卑於山自高而卑山行則水行水止則山亦止之故曰界水則止以定太極之法概可知矣上文反覆推詳皆從言形氣之理至是乃實指地理之用于是總括其全而順

五兆以五星之正変審象也此形局之五星用八卦以八卦之衰旺審位也排六甲以六甲之紀年審運也布八門以八方之開合審氣也地理之矩矱尽乎此矣推五運以五紀之盈虛審步也定六氣以六氣之代謝審令也謹步時以扶地理之橐籥尽乎此矣乃此則太極不失其正而地德明然叁人之明地德也和靖邀福而已盖地之五行得其順則人之生也五德備其全五常若其性聖賢豪傑接踵而生而礼樂刑政無不就理豈非人道之所由立乎然此亦陰陽変化自

然之理雖乃猶此不能以私意妄為之亦惟知其所以然因之而已矣卜地葬親乃慎終之事而子孫之世澤出其中則人道之所以終即人道之所以治然則是道也聖人開物成務無乃大于此此理之化成宜乎

青囊三卷為黃石公授留侯之書理之青囊此以其簡而該可以囊括諸書也其註釋為杜陵蔣公所著理之青囊侍原本常多剩語故畧為刪節以歸簡要

地斈秘傳

青囊序

澄甫何文源纂輯

楊公養老看雌雄天下諸書對不同

雌雄即陰陽也然言陰陽則為人之乃男女言雌雄則為人之乃夫婦地乃至陰之氣以招攝天之陽精則天之陽氣必下交于地山河大地其可見之形皆陰也實乃不可見之陽氣以應之不可見之氣即寓于乃可見之形故言雌雄此必于來龍之脈城門之水察其陰陽之配合而老陰必与老陽相对少陰必

与少陽相对此先天八卦天地定位山澤通氣雷風相薄水火不相射一陰一陽相为对待之象也有先天以立其体即有后天以善其用先天之体其理本于河圖后天之用其数本于洛書故后天以坎坤震巽配洛書之一二三四为生数乾兑艮離配洛書之六七八九为成数凡上元生数来龍與遇水敗成数得水與来龍敗下元成数来龍與遇水敗生数得水與来龍敗先后二天卦位雖殊而陰陽配合之用一而已矣先賢以为河圖亦陰陽之交始洛書察甲運之興衰也其即此訣

先看金龍動不動次察血脉認来龍

此以下乃言看雌雄之法也龍本非金而云金龍者以到頭結穴起頂承氣処其形必圓之者为金故曰金龍龍即人所謂巒頭也此金龍乃乾陽金氣之所生乾天也而于八卦为金曰金龍者龍云天之氣耳葬書云地有吉氣土随而起而地之氣非地所自有蓋即天之陽氣下交于地而地有以載之也氣之行鍾脉随而起故過峡処必有斷有伏乃龍蛇之蟄有

似于動子蔣公所為註之曰此以龍之形象言也形象玩詩斯可办其方位矣血脈即水也凡龍之行兩旁必有護砂之之內水隨砂而行亦隨砂而止而金龍出口之水與穴前界水相交处一水從左来一水從右至兩水相会合成三叉而出則水于此界氣即于此止矣訣吧形止氣蓄者此也訣吧水发城门者亦此也訣吧朱雀发源者亦每兆此也此水若為離水来龍必為坎龍此水若為震水来龍必為兌龍故观血脈之所自来即可知龍之訣自来乃山水相对之妙訣也又城门之水或子湖蕩神之向実或是乾流神之向空之向以得元為旺神之生入实向友之神之尅入此又元運之办訣当详審也

龍分兩片陰陽取水对三叉細認踪

兩片即雌雄言陰在此陽必在彼兩路相交也三叉詳見上細認踪即察血脈以認来龍也知三叉之在何方即知来龍之屬何脈矣

江南来龍江北望江西龍去望江東

此以子形之陰質求父形之陽氣也蓋取光所照之

処天〻陽氣即從此口而入此在南則所照者必在
北水在西則所照者必在東故水為坎水就必離就
水為震水就必兑就訡坤就水互看也楊公看雌雄
〻法皆從空処為真就故曰玄空玄空即空中〻陽
氣也
是以聖人卜河洛澗瀍二水交華嵩相其陰陽觀流泉
卜世卜年宅都宮
此言周公卜洛公刘迁邠所認〻来就不認以山而
認以水其作法千古一揆也

晋世景純倚此術演經立義出玄空朱雀發源生旺氣
一一講明開愚蒙
晋世景純即郭璞也玄空者九星〻衰旺在天而其
氣必從空処来故曰玄空朱雀發源即面前空洞光
明処天〻陽氣所由来也
一生二兮二生三三生萬物是玄関山管山兮水管水
此是陰陽不待言
陰陽妙用始于一為父母一爻即為子媳二三爻為
上元一卦即為中元下元二三卦山管山水管水者

山用正神水用零神也

識得陰陽玄妙理知其生旺衰與死不問坐山與來水

但逢死氣皆無取

衰旺乃運生死隨時來就坐山水口皆當取其旺而

棄其衰

先天羅經十二支后天再用干與維八干四維輔支位

子母公孫同此推

羅經内曰先天坎天乃十二辰地道法天故用周天

之十二次舍以為十二支而以八干四維補成三八

于是每卦三爻而二十四山分矣子母公孫不從此

推乎

二十四山分順逆共成四十乃八局五行即在此中分

祖宗卻從陰陽出陽從左邊團團轉陰從右路轉相通

乃人識得陰陽者何愁大地不相逢

此言玄空大卦挨星之法乃順局即為逆局而其根

源必以九星為天卦九宮為地卦又以得元為陽失

元為陰用天心正運之卦以流轉九星或所用之山

在本元運內坎天卦逆取地卦順推坤之順局其不

在本元運內於天卦順挨地卦逆排乙逆局蓋天
之行度以逆為順如二十八宿皆逆行是也又挨星
之法與順必與逆於以貪巨祿文廉武破輔弼之運
行成功於退將來於進之則其序必順退則其數必
逆也五行之分如貪狼水巨[illegible]輔皆為土祿文木武廉貞火
破金右弼火各從所挨以論生尅而生旺衰死皆從
此出也

陽山陽向水流陽執定此說甚荒唐陰山陰向水流陰
笑殺拘泥都一般若能勘破個中理妙用本來同一体

陰陽相見兩為難一山一水何足言
此言玄空大卦之陰陽皆一山一水雌雄相見之妙
初私時師陽山陽向陰山陰向之說拘于形於所
可同年而語也

二十四山双之起少有時師通此義五行分布二十四
時師此訣何能記
双之起即順逆局也五行分布詳見上

山上龍神不下水之裡龍神不上山用此量山與步水
百里江山一晌間

龍為子龍水必午水龍為卯龍水必酉水或為水火相剋或為金木交攻故山自管山水自管水而陰陽配合之理卯在于此之青囊之秘訣亦青囊之捷訣也

更有淨陰淨陽法前後八尺不宜雜斜正受來陰陽取氣乘生旺方無煞來山起頂須要知三节四节不須拘只要龍神得生旺陰陽卻與穴中殊

淨陰淨陽言陰陽不雜也差得元者為陽失元者為陰山要陽水要陰雖來龍之脉從穴後至城门之水從穴前來或斜或正受氣不一而其陰陽必相為对待故曰前後八尺不宜雜八尺言其至近也至穴內之陰陽必以四正四隅之干支相為配合故龍為四正穴必四隅龍為四隅穴必四正龍與穴雖分兩局而兩局乳截並兩路也天玉經訣理先定來山後定向聯珠不相放者其此之理欤

天上星辰似織羅水交三叉要相過水發城门須要会卻如河裡雁交鵝

此以天上之經緯喻水法之交会也三叉詳見上要

相過言一水從左來一水從右至兩水相會為鴟雁之一往一來也詳言水就審脉之法而立穴之妙在其中矣

富貴貧賤在水神水是山家血脉精山靜水動晝夜定水主財祿山人丁乾坤艮巽號御街四大尊神在內排生尅須憑五行布要識天机玄妙处乾坤艮巽水流長吉神先入家豪富

此言地本以水為重故山剛水柔似乎山陽水陰然山靜物也水動物也水光所照之处天之陽氣即清此口而入是水雖陰而其氣実陽之水陰山相為配合富貴貧賤不從此分乎乾坤艮巽號為御街者以發福由于地脉坤為地艮為山之亦地也然坐地者必坐天之氣不可見而其行也必因乎風乾天也而巽之取象為風此四大尊神所以號為御街也神之御街亦尊之之詞

請驗一家舊日墳十墳埋下九墳貧惟有一坟 能發福去水來山盡合情

得元者富失元者貧山与水皆随時废易也

宗庙本是陰陽玄得四失六难为全三才六〻建雖为美
得三失五尽为偏盖因一行援外國盗袍五行顛倒编
以訛传訛竟不明卦以禍福為胡乱
此旁引世俗五行〻謬以見地理〻道惟是看雌雄
〻法所以尊師傳戒後孝也宗庙即洪範五行三才
六建言後人以天地人三盤為三才三合双山為六
建也盖唐以後術家五行雜乱而出將以援外國反
以乱中華以訛传訛流毒後世曾公安所為办〻深
切也

青囊奥语

坤壬乙巨门從頭出艮丙辛位〻是破軍巽巳亥尽是
武曲位甲癸申贪狼一路行
此抽爻換象〻法經文已言其半耳從頭出言從上
元換出三山〻星也原本巽巳亥作巽辰亥並八卦
皆以陰換陰陽換陽辰本巽〻陰爻宜文而反為武
此盖市本〻误也今遵師训更定而補出〻
子未卯一二三禄存午酉丑右弼七八九辰戌乾文曲
五中廉庚寅丁一例作輔星

此章原本洛書九氣而以八卦抽爻換象配出九星也蓋二十四山每卦三爻地元為初爻天元為中爻人元為上爻陽爻則註抽坎皆陽陰爻則註換坎六陰如癸與申為坎坤二卦之陰爻而甲之陽則震一索而得之坎一數也故甲癸申為貪狼其坤壬乙則三爻皆陰純陰為坤故其星為巨未與卯為坤震二卦之陰爻而子則為坎一之陽爻震之陽亦一索而得坎也故子未卯為祿存此以上元坎坤震之一二三分配九星之一二三也其餘中元以巽六四乾六配

出文武二星而下元則艮丙庚當為破軍寅午辛當為左輔丁酉丑當為右弼並坤壬乙必與艮丙辛相對甲癸申必與庚寅丁相對子未卯必與午酉丑相對故其抽爻換象另有取義也如兌居七而七之中爻八九故庚得艮上爻之陽而為輔酉得離上爻之陽而為弼辛之破則本卦之星也艮居八而八之中爻七九故丑得離中爻之陰而為弼艮得兌上爻之陰而為破寅之輔亦本卦之星也離居九而九之中爻七八故丙得兌初爻之陽而為破丁得艮上爻之

陽而為輔午之謝亦本卦之星也此以下元兌艮離
之七八九分配九星之七八九也至其訣挨之法則
上元總以貪巨祿為三吉中元總以文廉武為三吉
下元總以破輔弼為三吉故坤為巨壬為貪乙為祿
三山私各巨門而在上元則皆用為三吉訣坤與巨
门為一例也餘做此

左為陽子癸至亥壬右為陰午丁至巳丙
此大五行陰陽交媾之例也左右均對待之神必順
局左旋則逆局右轉自子至壬自午至丙踏之乃陽
印路之乃陰星也

雌與雄交會合玄空雄與雌玄空卦內推
雌雄之用詳見上注

山與水須要明此理水與山禍福各相関
雌雄交媾在山水之配合配合均為福不配合均
為禍

明玄空只在五行中知此法不須尋納甲
五行印玄空大卦九星五行
蓋之倒二十四山乃珠寶順逆行二十四山乃火坑

顛々倒々即陰陽交姤々用討謂倒排卦是也如旺氣
在坎癸倒排則不用坎癸而以天心正運々卦通乎
八卦其或本山所經恰是坎癸々星則生旺々氣照
入穴中所謂天机安在内卦此也討謂從外生入卦
六此也所謂翻天倒地卦此也討謂五行翻值向卦
六年丸此也大易天地交而為泰天在山中而為大
蓄即此意也若順排則坐穴為坎癸而本元得令々
星反在他山乃不求福而得禍卦乎順逆行六即顛
顛倒々用法也詳見二十四山分順逆註若差之毫

釐則禍福顛倒而其應不驗矣故云二十四山乃火
坑
認金龍一經一緯義不窮動不動直待高人施妙用
金龍即乾陽金氣々生詳見上註經卦不動々象
緯則隨時變易卦也蓋二十四山々位四正四隅一
定而不可易故謂々經九星所臨々方或旺或衰變
動而不可拘故謂々緯此其妙用所以乃待于高人
也
第一義要識龍身行與止

動必乃已不動則為行就不可作穴故高人妙用以
此為第一

第二玄来脉明堂不可偏

偏私偏側〻偏差言明堂乃明堂〻受氣来就乃来
就〻受氣或明堂〻星旺而来就〻星衰与明堂〻
星衰而来就〻星旺均皆私全美〻地也故云不可
偏

第三法侍送功曹不高壓

侍送功曹左右護衛也不高壓言不可高大高則壓
蔽陽光房分不均矣

第四奇明堂十字乃玄微

十字玄微乃裁穴定向〻法雖云明堂必從穴星經
四位以為推算而得令〻星恰在此処即作此向与
此星相対則穴〻上下左右向〻偏正饒減尽于此
矣

第五妙前後就虎两相照

此從前案後托与两旁就虎〻向背以定穴法均两
相照〻言処〻抱向穴内也

第六秘八國城门鎖正氣

城门氣口也蓋天之星辰下照穴中挑天之日月下照宅内宅内無门則容光不照穴中無门則星光不入觀其鎖定之方便知是何卦之正氣而衰旺生死瞭然指掌矣

第七與要向天心尋十道

上文明堂十字以立穴作向言此节天心十道以来就之脉对城门之来言

第八裁屈曲流神認去来

流神水也水以曲為贵然必認其從何卦来從何卦去乃可变通取用

第九神任他平地与青雲

第十真若乏一缺飢真情

上节言高山平地並無二用此言十坊之中不可缺一也

明倒杖卦坐陰陽何必想

此以下专言山龍穴法倒杖飢俗師十二倒杖法也接脉二字尽之矣

識掌模太極分明必另圖

此用九星以办泉石之方位及穴中土色也如乾山巽向乾之星為文曲從文曲順挨二十四山挨至艮寅二方是貪巨另泉甲卯二方是禄文另石午丁二方又是貪巨亦另泉未坤二方又是禄文亦另石又以到頭三节内之就騐穴中之土色如甲乙二方来龍作丑山未向甲之星為貪狼屬一白乙之星為巨门屬二黑丑之星為右弼屬九紫自五以前一二三四之數用其全自五以後六七八九之數只用其半故此穴一尺深之白暈二尺深另黑暈四尺五寸深另紫暈也餘倣此

知化氣生剋制化須熟記

生印生旺剋印衰死然九星計到之処衰旺因之故制化之法当熟記也

說五星方圓尖秀要分明

此形局之五星

曉高低星峯次办得玄微

此言星峯或高或低其形各别也

鬼与矐生死去来真要妙

鬼与矐形体之餘氣也在穴後曰鬼穴前曰官左右曰矐水口曰禽然必山环水抱真情向我岹𧧑之来若山飛水走即為去矣生死之办已在去来上察其向背也

向放水生旺為吉休囚否

向中放水不論去来若合生旺則来固吉去亦吉若逢休囚則去固凶来亦凶

二十四山分五行知得榮枯死与生翻天倒地对不同

其中秘密在玄空認就立穴要分明在人仔細办天心

天心既办穴何难但把向中放水看從外生入名為進

定知財寶積如山從内生出名為退家内錢財皆废尽

生入尅入名為旺子孫高官尽富貴

五行即挨星五行翻天倒地即倒排也從外生入卦穴雖衰敗而对挨之星在本運元内也從内生出卦穴雖生旺而对挨之星不在本元運内也生入卦向上為正神尅入卦水上為零神也此其中分对不同卦存焉

脈息生旺要知音龍歇脈寒災禍侵縱乃他山相救助
空勞祿馬護龍神
脈息生旺之力当先看形勢之乃氣次論來龍之生
旺若過峽起頂処風吹水劫縱乃外山夾護而災禍
亦侵
勸君再把星辰辦吉凶禍福如神見識得此篇真微妙
又見郭璞再出現
言龍穴沉浮又將九星挨去則吉凶禍福瞭然指掌
雖郭璞無以算也

天玉內傳上

江東一卦從來吉八神四個一江西一卦排龍位八神
四個二南北八神共一卦端的應無差
此挨星起例之法也江東八神地元卦辰戌丑未甲
丙庚壬也卦起于西而反佃之東故以天之九星對
地之八卦言卯江西龍去望江東之義四個故經四
位而起父母也如坎卦以子為父母從子山所照之
星經四位以為推算則子為貪壬為文癸卯為破差
自貪至文為第四位自文至破亦第四位一四七之

局也餘倣此一坎地元為单陰单陽卦前不同卦後不同氣故立穴作向亦宜独作而不能兼二卦之用也江西八神人元卦寅申巳亥乙辛丁癸也神之江西亦以对待言其徑四位而起父母与江東卦同二者人元為双陰双陽卦立穴作向一卦可兼二卦之用也南北八神天元卦子午卯酉乾坤艮巽也不言四個者八卦以中一爻為南北卦又為父母之卦左一爻為西卦右一爻為東卦二十四山挨星之法每山十五度從父母起者皆用本山討照之星吳然而起不經四位以為推算乃八卦之通例也又天元卦為父母地人兩元為子媳父母可兼子媳允若地元亦宜独作人元可兼天元而不可兼地元故一卦各得三卦之用兼前兼後皆可也夫東西南北應乃四卦而此亦云三卦者緣玄空大卦八卦排來亦乃三卦也

二十四山管三卦莫与時師話忽然知得便通仙代之

鼓骿瀾

一三卦者天元地元人元為一卦上元中元下元為一

卦一六四七二五八三六九又為一卦合之共成三卦
而其用法必以二十四山分為三八而以八山為一
卦乃甲癸申庚寅丁配巽乾為一卦坤壬乙艮丙辛
配辰戌為一卦子未卯午酉丑配巳亥為一卦是也
蓋甲癸申為上元庚寅丁為下元而巽乾則為中元
甲庚為地元癸丁申寅為人元而巽乾則為天元五
相品配以為一卦之用而以九星遁位挨去則一四
七二五八三六九之用法每卦三元已寓于其中矣
此一偶而三偶可類推矣至其就與水之相為對待

山与向之相為配合則在此卦者不可雜彼在彼卦
者不宜雜此斯三卦之用一以貫之矣此玄空大卦
之訣況非聰明智巧所能推測亦非宏覽博物所得
与聞者也

天卦江東掌上尋知了值千金地画八卦誰能会山与
水相对

天卦者天之陽氣所由來以九星言也地卦者地之
衰旺所由分以八卦言也山水相对言山与水皆与
天卦相為对待也

又陰法陽仔細尋前後祠並一宅前後相並兩路看分宅

兩邊安

卦之中爻為父母左右兩旁為子媳雖城门之水從

穴前來之就之脉從穴後至而並帶処必仔細審察

以分父母子媳並後下卦起星雖可所據而禍福不

爽也

卦內八卦不出位代之人尊貴向水流歸一路行到処

可声名就行出卦可官貴不用劳心力必把天醫福德

裝來鮮見榮光

曲

不出位言就穴水皆在本元運內也並論迴運內卦

不在本元之卦而在本卦之星者卦切莫錯認天醫

印巨门福德印卦乃唐一行所造卦例以閥挨星之

真卦也

倒排父母陰就位山向同流水十二陰陽一路排總是

卦中來

倒排父母詳見上

関天関地定雌雄富貴永無窮翻天倒地对不同秘密

方空

此文始之所乃天地之関竅知其関竅而後六々始
可定也翁天倒地详見上

三陽水向尽源流富貴永無休三陽六秀二神当立見
入朝堂

三陽者丙午丁也其卦為離其象為日而一元得令
之星亦為三吉三吉所臨方位功比南離故凡龍向
水之星合乎元運得生旺之氣者亦曰三陽宝照經
云裡穴見陽神三摺朝是也水向尽源流則龍向水
皆生旺矣六秀者卦之子媳也言八卦既分為三卦
而三卦各有子媳二三歸六故曰六秀二神裡龍与
水也

水到玉街官便至神童狀元出印綬若然居水口玉街
近台輔鼕鼕鼓角隨流水艷艷紅旂貴

玉街印青囊序御街印綬鼓角紅旂皆水峯中之形
象

上按三才並六建排定陰陽算下按玉輦捍门流龍去
要回頭

一字印父母六建印子息上二句論方位龍去要定

陰陽下二句論形勢玉輦捍門皆指去水[illegible]抱

神之回顧也

六建分明號六龍姓名達天聰正山正向流支上寡天

遭刑杖

六建分明言不相雜亂也正山正向卯酉正之山向

乃甲丙庚壬乙辛丁癸此八干皆在四正寅申巳亥

辰戌丑未此八支皆在四隅若四正之干雜四隅之

支則卦氣不清是犹人元不可以並地元之意也此

以下皆辨干支零正陰陽純雜毫厘千里不相假借

之徵

共路兩神為夫婦認取真神路仙人秘密定陰陽便是

正龍岡

此言一干一支可為夫婦然乃真夫婦假夫婦如丙

巳為真夫婦丙午亦真夫婦若巳丙則非真夫婦矣

彼正山正向流支上故是犹宿于娼家而以為夫妻

也

陰陽二字看零正坐向須知病若遇正神正位裝發水

入零堂零正向須知好認取來山腦水上排龍點位

裝積粟看倉、
上节所定之陰陽干支之陰陽此节所云零正元運
之陰陽也言既得陰陽配合干支相得之山向又必
以元運推其零正之神皆得元皆也零神皆失元皆
也陰陽交姤全在零正二字若以正神裝在向上為
生入零神裝在水上為尅入零堂正向堂不啻收其
秘爭向水既秘而來山之腦又当認取果來就又与
生向同在元內斯就向水皆承生氣而為大地無疑
矣。

正神百步始成龍水短便遭凶零神不問長和短吉凶
不同斷
此言正神宜來得悠遠深長若然短促雖正亦不发
至水之零神必有湖蕩蓄瀦若溝渠点滴源源走洩
雖零神亦凶其正神在水零神在山皆不論長短皆
以凶斷
父母排來到子媳須去認生尅水上排龍点位分兄弟
更子孫
此言山上排龍從父母排到子媳皆在此之卦則卦

氣已絶右須認其得元否得元功為生氣旺氣否
則為死氣剋氣矣至于水上排龍乃一路来功乃兩
三路来功抜須照位分間而不能拘一卦之父母也
要旁来之水亦在父母同元之內坤之兄弟兄弟卦
內又乃子孫如上元穴在坎一旁乃艮水乃乾離水
艮乾離皆為兄弟而艮之丑寅乾之戌亥離之丙丁
亦為子孫来路雖多不害其為一家骨肉也凶功反
是

二十四山分兩路認取五行主龍中爻戰水中裝便是

正龍傷前面若有凶爻破来斷為凶禍凶星看在何公
歌仔細認踪由

此一节专本卦之差錯功言兩路功陰陽生死也二
十四山每山皆乃兩路九分間二十四山為兩路也
兩路之中須認取五行之所主五行所主要在清純
若龍上所受之氣既不清純如巳丙亥壬相兼之類
而有凶爻戰矣倘以清純之水救之雖我龍氣遇水
制伏而凶威可殺奈何又將凶爻戰之卦裝入水中則
生氣之雖出不能為福煞氣之雜出適足為禍正龍

乃不受其傷其半又水乃長短〻分吉多其吉勝凶
凶多其凶勝吉〻看來水源頭與凶星亦又破則亂亦兩
平未可遽斷為凶且凶星〻應乃公位〻分吉凶双
到〻局必看某房受着便斷此房乃吉不受其亦不
應也如此純凶〻卦房〻受害〻比故其蹤当仔細
認云

先定來山後定向聯珠不相放須知細認五行蹤富貴
結全龍

此言來山所受〻氣与向首所受〻氣原分兩局故
來龍必得本元生旺〻氣而立穴作向亦必同在一
元然後龍合向〻合水是龍与穴雖分兩局而兩局
如截然兩路也若是富貴悠久〻地必然來山此卦
向首亦此卦一氣清純方得押〻金龍故云聯珠不
相放

五行若然翻值向百年子孫旺陰陽配合亦同論富貴
此中尋

此節上二句言山上龍神下二句言水裡龍神翻印
倒排〻法陰陽配合水来配合也但向要正神水要

零神耳

東西父母三般卦算值千金便二十四路出高官緋紫

入長安父母不是未為好気官亦富豪

卦〻中一爻為父母左右二爻為子媳從父母起徑

四位以為推算則中一爻為一元左右二爻又各為

一元故曰三般卦而其用法則重卦体而輕爻重父

母而輕子媳若但乘子媳〻旺則得氣淺薄僅可富

豪而已

父母排来看左右向首分休咎双山双向水零神富貴

永無窮若遇正神須敗絶五行当分别隔向一神仲子

当千萬細推詳

父母排来看来山〻脉絡也来山屈曲不必尽属父

母故必並看兩旁子媳若双山双向其水悉属零神

則卦氣〻雑得清純〻水以救〻庶乎就氣遇水

制伏而富貴可期矣一水路又属正神則旺方遇水

旺特為衰敗絶其勝兒矣隔向中對宮也一神卯坎

一〻神隔向一神言坎一〻星照入離宮也坎為中

男故曰仲子

若行公位看順逆接得六奇宮位若未見逆就男女
失其蹤
此承上文仲子一神而言公位之應順則生旺逆則衰死訣裡順逆即得元失元也並向上以得元為順失元為逆　水上則又以出元為順得元為逆其用法固不同也
更看父母下三吉三般卦第一
此總結一篇之意而歸重三般卦丟丁寧反覆之意也
內待中
二十四山起八宮貪巨武輔雄四邊盡是逃亡穴下後令人絕
此言一行卦例专取貪巨武輔為四吉其實乃令人絕敗故也
惟有挨星為最貴洩漏天機秘天機若然安在內家活當富貴天機若然安在外家活漸退敗五星配出九星名天下任橫行
此言卦例沉不可用別挨星五行實是貴矣天機裡

本元得令之星也在內者從外生入在外者從內生
出也五星卯玄空大卦之五星九星者貪巨祿文廉
武破輔弼也
干維乾艮巽坤壬陽順星辰輪支神坎震離兌癸陰卦
逆取行分定陰陽歸兩路順逆推排去知生知死亦知
貧富取救兒孫
此言時師皆以干支論陰陽而不知干支之陰陽非
交媾之陰陽也故干維必得元乃為陽而順推五行
支神必失元乃為陰而逆轉九星然以干支分順逆
則壬為干癸亦為干壬與癸皆干即壬與癸皆順矣
豈知子順局而午逆局乎故于四卦之末各綴一字
曰壬曰癸蓋本坎卦以為例非干陽順而支陰逆也
至其陰陽兩路分定之法則以九星為天卦九宮為
地卦得元者天卦逆地卦順失元者天卦順地卦逆
山山皆有一雌一雄双双起之法不止一卦有一卦
之用也
天地父母三般卦時師未曾話玄空大卦神仙話本是
此經訣不識宗枝但亂傳開口莫胡言若遇不信此經

又但衆爭入墳
此恐者只得之後以為太易而忽之故極言贊美
而以衆墳為証蓋地者所以取信于人只皆在衆墳
也
分卻東西兩個卦合只得天下者取仙人經一宗切矣
乱談空五行山下問來由入首便知綜
此亦丁寧告戒之語而歸重于入首以入首一节初
年立應也
分定子孫十二位災禍相連值千災萬禍必人知趋只

論宗枝
此言時師分定十二干支以論陰陽而不知雌雄交
媾之法必至災禍相連值也豈知元運為干支之宗
卦氣受尅則干支亦隨之而尅而千災萬禍在所不
免乎
五行位中出一位仔細秘中記假若來龍骨不真從此
誤千人
此节又詳言出卦不出卦之害首盖同一出卦而乃
卦內卦外之分若九星恰在元內則似出而非出九

星不出元內則真出矣不出位則就
骨不真

一卦排来千百個莫把星辰錯就要合向〻合水〻合
三吉位合祿合馬合官星本卦生旺尋合凶合吉合祥
瑞何法排趨避但看太岁是何神立地見分明成敗定
斷何公位三合年中是

一卦排来变化不一故乃千百個也祿馬官星若得
生旺則應否則不應太岁卯紫白值年〻星也為上
元甲子起一白逆走乙丑九紫在中元則起四綠下
元則起七赤逆尋年分以加衰旺是也三合如申子
辰寅午戌〻類乃辛壬二干在乾戌亥〻旁乾卦戌
方受煞應在壬戌壬午壬寅年命亥方受煞應在辛
亥辛卯辛未年命其本卦各乃干支比以本卦斷丈
以長中少〻卦位隨其分房以斷〻斯禍福〻應不
差或爽也

排星仔細看五行看目何卦生来山八卦不知踪八卦
九星空順逆排来各不同天卦在其中

此言挨星〻法以九星為天卦九宮為地卦其星辰

〻〻流氣從本元正運經四位而起父母看本山所照〻星得元与否而洩禍福占咩爲不知元運從何卦来是不知来山踪跡也蓋星卦〻順逆各占不同印此一卦入用或当順推或当逆特占一定〻氣与〻一定〻用皆上文所已言而此乃反覆詠歎以鄭重其辭也

甲丙庚壬俱屬陽順推五行詳乙辛丁癸俱屬陰逆推論五行陰陽順逆不同途逆須向此中求九星双起雌雄异玄関真妙処

此言時師皆分定十二干支以論陰陽而不知甲丙庚壬雖陽位必得元乃为陽而順推乙辛丁癸雖陰位必失元乃为陰而逆持至其陰陽互爭〻法則天卦順地卦必逆天卦逆地卦必順乃雌雄交姤〻机玄関妙処也

東西兩卦真奇异須知本向水本向本水四神奇代〻着緋衣

東西者対待〻称蓋九宮掌诀坎坤震巽神〻東卦乾兌艮離神〻西卦在上元時須立東卦〻向收西

行[illegible][illegible]下元時須用東卦之水立西卦之向故曰本
向本水言向与水皆在本元運內也四神廿八卦分
為二卦東卦為四神西卦亦為四神一雌一雄相乃
配合也
水流出卦為何全一代作官員一折一代為官祿二折
二代富三折父母共長流馬上錦衣遊馬上斬頭水出
卦一代為官羅直山直水去無翻場務小官班／
馬上斬頭一折便出卦也此言不出卦則得官出卦
則官羅水曲則官大水直則官小也

內傳下

乾山乾向水朝乾之峯出狀元卯山卯向迎源水驟富
右崇比午山午向午來堂大將值邊疆坤山坤向水坤
流富貴永無休
乾山乾就也乾向卯子山午向蓋后天之離卯先天
之乾坐子向午是以坤之乾向水朝乾坎就為乾就
水必巽水巽方之水与乾相对故曰朝乾又乾為中
元之運而其星為武曲若就向水皆一氣相通而計
[illegible][illegible][illegible]為本元之星則卦氣清純而為大龍之吉矣

下三章倣此

办得陰陽兩路行五星要分明泥鰍浪裡跳龍門渤海便翻身

陰陽兩路上文屢見跳龍门言变化之易

依得四神為第一官職与休歇穴上八卦要知情穴内卦裝清

四神詳見上穴上是龍穴内是向也

要求富貴三般卦出卦家先貧寅申巳亥水来長五行向中藏辰戌丑未四金龍動得永不窮若还借庫富後貧自庫樂長春

上奏沅言甲丙庚壬乙辛丁癸之干其順逆陰陽皆以元運言而此章又以寅申巳亥辰戌丑未之支以明出卦不出卦之分故曰水来曰金龍必用玄空大卦流排九星而龍与水皆得本元生旺之氣然後金龍動而血脈真穴上穴内依得四神而卦裝清矣辰戌丑未時師祖之四庫借庫皆出卦也自庫皆不出卦也其实地存之用亡在出卦不出卦而已不重墓庫也

卯星[illegible]何方星五行長生旺大旆相对起高岡戰位
子孝[illegible]捍门華國官表起山水亦同例水秀峯奇出高
官四位一般看
此言星峯訣起之処亦必求五行之生旺大旆相对
以形势言也捍门華國官表印水峯中之形象言不
在本元運内雖子星峯向之年益在山在水一同論
也
坎離水火中天過就攅移帝座宝盖鳳阁四維朝宝殿
登就樓罡刼吊無休犯着四墓多銷烁金枝玉葉四孟
裝金箱玉印藏
此以坎離二卦明倒排之用法也中天過言坎一之
星照入離九離九之星纏在坎山所裡東邊財谷引
歸西北到南方排也又本二十四山之星以為倒排
之例而或曰移或曰朝或曰登或曰藏皆言本元正
運之星必要裝在向上不可拘于坐山裏旺之說而
舍此以就彼也罡刼吊殺辰戌丑未之星時師俚之
四墓又子以此為四大水口不論何穴何龍皆以水
[illegible]為[illegible]在于此[illegible]此則陰差陽錯反深火坑矣

「知九星所經之方逢生旺則加之美名遇死絕則稱為惡曜ゝ一定之氣与一定之名不可執一而不知变乎

附二十四星歌

壬位八武子帝座癸丑鑾駕天帚臨艮為鳳閣寅金箱甲屬鬼刼卯將軍乙辰功曹天罡位巽巳寶殿金枝神丙炎烈兮午帝輦丁未執塀天殺星宝殿居坤申玉印庚酉刼殺華盖輪辛得值符戍地殺乾亥執樓玉葉真

帝釋一神定卅府紫微同八武倒排父母恭執神富貴等餘春

帝釋丙也紫微亥也八武壬也一神坎也坐北朝南故卅府之通例故帝釋照于坎一而卅府定位各処卅府或亥之或壬丙皆不可拘故又云紫微同八武而其妙用總在倒排也

識得父母三般卦巳是眞神路北斗七星去打刼離宮要相合

言北斗七星而捕術在其中矣刼奪也取也言充星

所臨之位八卦之衰旺皆為討奪故曰打劫也離麗
也言麗于此宮則此宮之衰旺易位總要合乎元運
也

便遭傷

子午卯酉四龍岡作祖人財旺水長百里佐君王水短
取子午卯酉以其父母氣旺也言四正則四偶可知
矣水短一折便出卦也

識得陰陽兩路行富貴達京城不識陰陽兩路行弟丈
火坑深

此即顛顛倒之義皆上文所已言而此復重言以明
之也

前重龍神前重向聯珠莫相放後重龍神後重向排定
陰陽算明得零神與正神指日入青雲不識零神與正
神代代絕除根

此言龍神向首皆分重前重後之法重指父母重子
媳子媳重父母也但出卦之零神別分用法不可相
重耳

倒倒父母蓋真龍子媳達天聰順倒父母倒子媳代代

人如退。

此言父母子媳皆宜顛倒排来並後天之陽氣翻從向上生入討祖我居于衰敗而受外来生旺之氣也此乃若順排則生旺之氣何以入穴而聚真氣于明堂乎

一統宮中水便行子媳受艮辛四三二一統逆去四子均常貴統行位遠主離御四位發經商

此又言本卦水須折之相欲若一折之後便出本卦雖然得發必受艮辛矣必三节四节逆去皆在本卦乃許子孫發也位遠即出卦一出卦則主離鄉若出卦之後逐歸本卦反主為商得財而歸其應驗不爽如此

時師不識挨星存止作天心模東邊財谷引歸西北到南方推老統終日卧山中何嘗不易逢也是自家眼不的私把山岡覓

東邊財谷二句托喻即江南来統江北望之用法玄空秘旨也又嘆世人不得真傳胡行私作者於斯言乎

世人不識天机秘洩破了何益汝今侍得地中仙玄空
妙难言翻天倒地玄更玄大卦不易侍更了收山出煞
诀点畫方汝说相逢大地於我人個々是知心若还求
地不種德穩口深藏舌
收山出煞印得運失運々亦為終述授受々意戒嘱
公安々善宝々也倩语归重種德乃求地々至宝今
々得侍地不慎擇人浪洩轻示恐難得吉地不於实
受其福而洩天宝地其不干造物々怒而自取禍咎
地哉希

天玉外侍上

天机妙処従来秘勘破真奇异五行生旺覔雌雄合璧
要相逢
天机卯雌雄交姤々関竅合璧地就向水相為配合
乃成全璧也
二十四山起九宮三卦洩玄空恩仇本是先天定宗枝
分两姓同枝异姓行々在一宅了内外罡刼吊殺不可
当會巨武輔昌
九宮挿以洛書分配八卦也三卦卯上中下三元兩

姓其坎坤震巽為一姓乾兌艮離又為一姓一宅可
內外共寄上元乾寄下元是也豈劫吊殺為辰戌
丑未之星時師裡之四墓不問何就何穴皆以水口
為必在于此乃此則陰陽差錯凶不可當矣貪其貪
文破巨其巨廉輔武其祿武弼也此一四七二五八
三六九之用法也輔其言兼帶處必取輔弼以成五
吉也

兩家父母生兒孫多寡不同論一家骨肉十有四十個
是參差

兩家即兩姓骨肉十四其坎坤震巽十二山乾兌艮
離六十二山而十二山必有一水或兼左或兼右与
來就相配其致云十有四二十四山此為十四[illegible]
為十個矣

玄字当前來朝揖好多少人識十四人中八個合十人
四個逆

八個合言兩姓各有四干四支相為配合四個逆其
兩姓各有四逆子也

三山双起兒雌雄前後排不同四個雌雄君問到代之

官尊耀

三山地一元乃三卦也双起印帙逆局四個雌雄上
下二元各四卦也

南北分明是一卦一姓分兩家天地父母曉交通劈面
要相逢

南卦為離北卦為坎二卦而實為一姓一姓又分為
兩家其實則天地父母之氣媾合而凝交相為用而
已

東西二卦結冤仇其家多姻戚又鮮窖地挽奇緣相逢

富貴全

東西地对待之稱乃離東坎西震東兌西或則水火
相勉或則金木交攻故云結冤仇而雌雄交姤印在
于此故又云多姻戚也

还乃兩般須熟記逐位挨排去進神八個共二七退神
八個十

兩般印進神退神二七地十四位也此言挨星之法
必以本元得令之星挨在十四位上乱十四位皆進
神也

局還向上覓玄空一雌共四雄水還山上玄空立四凶還四吉

一雌四雄為上元坎坤震巽為雄而城门之水必子一雌在乾兑艮離之中下元乾兑艮離為雄而城门之水必子一雌在坎坤震巽之内也四吉四凶以得元失運言

内神六吉外六凶須去覓玄空運若会時凶亦吉不会吉成凶

得運故為内神失運故為外神六吉六凶言上下二元各子六甲此吉彼凶須于玄空大卦覓其就水之会合而已

大小玄空卯說錯竟当馬指鹿生成随地是玄空不曉八卦穷

大玄空卯諸家翻卦避年小玄空為丙丁乙酉原属火之類生成故河圖一為老陽之生數六為老陰之成數故一六共宗二為少陰之生數七為少陽之成數故二七同道三為少陽之生數八為少陰之成數故三八為朋四為老陰之生數九為老陽之成數故

四九為友而玄空大卦則以乾兌為老陽坤艮為老陰坎巽為少陽離震為少陰各從其類以為山水配合之用又以洛書之坎一坤二震三巽四配河圖之生數乾六兌七艮八離九配河圖之成數凡上元生數來就與遇水敗成數得水與來就敗下元成數來就與遇水敗生數得水與來就敗故老少陰陽相為配合其玄空大卦之体三元六甲因時制宜此玄空大卦之用二者不可偏廢也但人不曉以八卦窮其源流耳

外侍中

巨武双闌乾甲丁甲丁山友更廉貞帶巨坤壬乙壬乙
生糠荆巨吉祿凶艮丙辛丙辛見破軍貪狼武曲巽庚
癸庚山官化鬼卯此推去四十八挨星為脫煞時師心
知順逆行白晝雲霧佛楊公指点何明説時師胡亂猜
予今索性都道破將去思量作

此言時師之以乾甲丁為巨武坤壬乙為巨廉艮丙辛為巨祿巽庚癸為貪武順逆挨排損成七星以斷禍福皆白晝雲霧不見天日者也楊公不忍斯民

〻顛倒故于與語指明九星配卦〻法曰坤壬乙巨门從頭出艮丙辛位〻是破軍而其用法〻見于天玉寶照一切則曰九星双起雌雄异翻天倒地対不同且更為〻撮其要提其綱曰八卦〻只一卦通所以發明挨星〻用切至詳且尽而時師胡乱猜去以訛傳訛流毒沒世此蔣公所為禀性道破以決沒存〻疑也

山上龍神不下水山頭容易會水裡龍神不上山此処乃玄関

山指龍言水指城门〻水言龍為子龍水必午水龍為卯龍水必酉水或為水火相尅或為金木交攻故山用正神水用零神各以本卦〻元運論陰陽而以所挨〻星办五行〻生尅所謂山管山水管水玄関妙処也

漫道平洋莫問龍山水認来踪水裡龍神正會水交会在山龍長短鼓雜水中裝山上吉凶藏水劫風吹却不怕正要水合卦最是朱衣三貴格兩水来朝揖

此言平洋地势殺漫水交会〻処即是地氣融结〻

処故山就重胎息脈絡〻氣運水就重水口來源〻
氣運。青囊序訣裡水發城門須要會堂照經訣裡城
門一訣最為良。如正裡此也。此処旺氣交會山就〻
間則真元〻氣聚矣。又水長則地氣厚。短則地氣落
純則地氣清。雜則地氣濁。水〻長短純雜殊而地〻
吉凶藏焉。且平洋〻就四圍曠野。不怕風吹水劫。必
要水得合卦則全就動而血脈真。故水合則就合水
不合則就不合也。三貴格言就向水皆在本元運内
也。

若逐一路去逢逐主帛起刀兵父母為何去例排生旺
認源來相生相比為三吉。排禁為休歇。惟尅我最難
當。妻兒尅也。傷我生我尅為逢退。立見財富貴
一路逢逐言就向水各自一路也。相生相比此挨星
〻法以二十八宿為經九星為緯經星不動而緯星
隨時反易故疑就經云更有二十八舍間星穴裁〻
最為上若經緯二星相生相比則動靜兩盤並與神
尅矣尅我裡星尅山妻兒〻尅星尅水也為逢退言
不犯此弊

人道洛書已九數。未判從來。故河圖畫卦不知踪。衹被
女士誤生數。逢五成數十相得。还相合陰陽老少分刷
柔同心各自求。
生數五。於一二三四五。五數成數十。於六七八九十
五數。也其法以中五為皇極。而以十配之。其餘分屬
八卦。而老少陰陽分焉。要在山水之配合得其宜而
已。
楚法千般对不同。也在合玄空。若道此子与此錯局之
尽相通。

外传下

東西南北三般卦。離合親疏。話天地父母三般卦。順逆
不容差。乾流乾向出狀元。非乾禍持纏。卯山須認卯源
水。坐卯災星至。

東西南北。言江東之卦江西之卦。江西之卦南
北之南北之卦也。天地父母於挨星之法。以九星為
天卦。九宮為地卦。而其用法必從四位。而起父母。訣
挨之星若在本元運內則合。而相親。非是則相離。而
疏矣。苟差之毫厘則謬以千里。故曰不容差。乾流乾

向已详内待乳乾封禍坎言乳回就砍祖之神生卯
々災做此
時師不識真仙诀依書述作失坐正朝零说不明遗误
禍乳輕縱並合得零与正雌雄要捉定就差局錯穴性
乖反深火坑來
此言正神必要裝在向上零神必要裝在水上而水
々零神又必与来就相对乃正以為山宜正神水宜
零神則坎神零正坎並乳雌雄交媾々真机斯就差
局錯而血脈不真其遗误此浅鲜哉坎以為反深大
坑々憂也
源流朱雀媾陰陽乾合福绵長如何騾發又騾羅正绿
水出卦细看年位是何庚依舊為明微生魁制化須熟
記切勿輕談易五路陰陽一路中天並支婦從巨族高
官從此出斷橋不相接
源流朱雀印城门々水金就々血脈也此处若得生
旺則乾陽々氣下施于地雌雄交媾而於福生至矣
故云福绵長凡地々騾發騾羅坎皆因出卦而並当
熟記也年位坎山水菊位凑合々干支也須看煞方

是何干支卯以此干支考其何年何命乃辛壬二十在乾戌亥々旁乾卦戌方受煞應在壬戌壬午壬寅年命亥方受煞應在辛亥辛卯辛未年命其本卦各己干支相为配合故以本卦干支々三合斷更看紫白值年々星以察其生尅制化々用何星值年則吉何星值年則凶斯禍福々應斷然不爽故曰否明微也五路陰陽神以中五分兩片々陰陽而坎坤震巽乾兌艮離或在山或在水各以元運分別零正而不相涵雜斯陰陽交而天然々大帰從巨族高官從此出矣斷橋不相接言出卦則龍差局錯而亂一家骨肉也

最是水神要清潔异姓休来雜若还夹雜兩家来継贊螟蛉出

平洋地勢數衍以水為生氣故忌水出卦山崗地勢雄壯以龍為生氣故忌龍出卦而平洋々水比山龍尤甚

認龍審局分源流秉脫要推求星辰毫忽乃差錯下後貧絕處

地斈之要平洋重水口来源処山龍重出脉過峡処
故既办源流又办承脱丢源流即水口乗脱即過峡
処也
時師止解陰陽卦顺逆長生話謬訛相傳誤殺人到老
不知音你道相生我道尅你冲我相合
玄空大卦個中藏参透佐君主随手拈来夫婦姤立地
財丁足
楊公妙诀以口傳既谜不多言如似華夷相对说须待
高人翻

都天宝照上

楊公妙應不多言之实之作家傳人生禍福由天定賢達
能安命爹賤安墳富貴與全憑龍穴真龍在山中不出
山掛在大山间若无砂曲星辰正収得陽神定断无一
差便與隆父发子侍荣
妙應楊公弟子黄妙應也陽神印得令之九星毋一
节言深山之龍
好龍脱刼出平洋百十里来長離祖離宗星辰出此是
真龍骨前途节之見兒孫文武脉中分直見大溪方住

行則龍々止也千山萬水亦皆止幹龍大盡々地自然兩水交環亦似乎千里來龍遇水而止也上節言山龍高山煞氣重故所結亦小此節言平陽々龍平陽煞氣盡故所結乃大山龍々法雖不盡此大畧已備于此矣

天下軍州總住空何須撑着後頭龍只向水神朝處取

莫說後龍主立穴動靜中間求須看龍到頭

軍州龍州府也平洋以水為龍不以過峽脈息言故止向水神朝處取也動靜即陰陽言九星交動与常

九宮一定而不易也

楊公妙訣年多說因見妙應心性拙合惡掌上起星辰數聚裝成為妙訣大山與作破軍星五星所聚脈難分但看出身一路脈到頭須分水土金又從分水脈脊處便把羅經照出路節々同行過峽真前去必定可好處子字出脈子字尋莫教差錯丑与壬若是陽差与陰錯勸君不必費心尋

此楊公傳妙應々訣也大山與作破軍星言起祖々處未分星体故槩名々曰破軍向不入龍格只取龍

神一路出身之脉而其脉又分水土金三星此三星
此形局之星也自分水脉脊以下乃屬方位理氣矣
节之同行言不出卦也如子字出脉顶行就止在子
字一宫之内若偏于左而癸与丑雜是子癸一卦而
丑字又犯一卦偏于右而壬与亥雜是壬子一卦而
亥字又犯一卦也此为卦中之陰差陽錯杖云不必
費心尋
子癸午丁天元宫卯乙酉辛一路同若已山水一同到半
穴乾坤艮巽宫取得補星成五吉山中已此星真航

此承上文羅經照過峽而言天元可兼人元也蓋八
卦以中一爻為天元左一爻為地元右一爻為人元
而玄空大卦以天元為上元人元為中元地元為下
元互相品配以為出脉審峡之用曰天元宫坎乳神
乙辛丁癸亦天元也言以天元兼人元則人元亦在
天元宫之内耳若天元之山而用人元之水則山与
水比肩同到而乳支兼干出是山為天元水為人元
形取天元而乳純爭天元山与水分為两元矣且乙
辛丁癸俱屬陽明犯差錯倘单行而不相兼恐亦之不

清未免少偏卯出本卦岂不雜乾坤艮巽之氣乎其
取補星以成五吉故以八卦各爲上中下三元而一
元各爲三吉若所取故吉用天元恐日後发洩太盡
未亂衰微故兼帶也必經四位而起父母取得補弼
就神合氣入穴並沒一元而兼兩元就力悠遠不替
矣故目之曰真訣此玄空大卦之用先時補救善後
之良策也

辰戌丑未地元就乾坤艮巽夫婦宗甲丙庚壬爲正向
脉取貪狼護正訣

辰戌丑未爲地元亦爲下元先天元而次以地元故
楊公因三才之序而顛倒錯列以洗秘其天机耳此
四支原在乾坤艮巽卦内故曰支歸宗並四偶之就
必立四正之向故又曰甲丙庚壬爲正向貪狼之取
以裡下元以爲三吉必取貪狼衛護正就並沒卦氣
未值其根不搖卦氣已過源遠流長斯爲作家妙用
但甲丙庚壬不可雜寅申巳亥故所取不在兼帶也
而在正脉也

寅申巳亥人元壽乙辛丁癸水來催更取貪狼成五吉寅

坤申艮御門開巳丙宜向天门上亥壬向得巽風吹

此言人元可兼天元也寅申巳亥為人元之卦曰人元来坎理其来龍必在人元卦内也然四隅之穴必收四正之水故又曰乙辛丁癸水来偹寅坤申艮犯以寅為坤以申為艮也盖言以寅兼艮則立向宜在坤宫而不可雜兑以申兼坤則立向宜在艮宫而不可雜震若巳丙亥壬相兼則犯陰陽差錯之秘矣法宜去丙就巳去壬就亥以清乾巽之氣此則专為人元办卦而言然之要歸一路兼一路此當時直達之机兼收坎先時補救之道不直遠則取勝與先鋒不補救則善後無良策二者不可偏廢也其三节所取貪狼補星乃天心正運流轉之星兑坎為貪艮為補也

貪狼原是發来遲坐向穴中大未知立宅安墳過兩紀
方生貴子好男兒

貪狼諸卦之統領何云發遲此言地人兩元兼收之脉不当正卦故力不专是以遲也兩紀坎約略之詞況合悠久之義并支應之遲速不可执此以為定例

也

安宅立墳要合龍不須擬對好奇峯主人乃礼客尊重

客在西兮主在東

山龍真結必對尊星而後出脈故以朝山為重平洋以水城論結穴水自水山自山並非一家骨肉向之何益客西主東以天之九星對地之八卦言之天心計照乃衰乃旺而地之休咎應之也此為陰陽之交媾山水之配合一剛一柔一牝一牡其玄竅皆在于此

室照中

天下軍州總住空何須撐着後頭龍時人不識玄机訣

必道後頭必撐龍請君看取州縣場尽是空龍擺撥踪

州縣人家住空龍平洋基宅尽相通莫嫌遠來無後龍

龍若空時氣不空兩水界龍連生窟穴溥水兮何畏風

但看古來鄉相地平洋一穴勝千峯

玄机即玄空也山龍必論脈來平洋必論氣結空則水活而氣刊實則障蔽而生氣隔故平洋無水則四面皆風乃水則八風收息也

子午卯酉四山就坐對乾坤艮巽宫莫依八卦陰陽取
陰差陽錯敗無窮百二十家渺無訣此訣玄机大祖宗
爲代王侯皆禁秘予今阮出在江東陰陽若能得遇此
蚯蚓逢々便化龍

此言子午卯酉々々就其坐山朝對卯在乾坤艮巽々
內一干一支相為配合四正四隅兩々相對故曰坐
對也爲代王侯皆禁秘而不言楊公但于江東一
卦詩篇阮出其旨言陰陽收信而行々吹刻乃通就
變化之微矣

子午卯酉四山就支兼干出最豪雄乙辛丁癸單行脉半
吉々時又半凶坐向乾坤艮巽々位兼輔而成丑未就

支兼干出以天元兼人元也若乙辛丁癸單行而不
相兼恐少偏卯出本卦故吉凶參半

辰戌丑未四山坡甲庚壬丙塋墳多若依此訣無差謬
請明身貴天下無八卦不是真妙訣時師休把口中歌
敗絶止因用卦安何見依卦出高官陰山陽水皆真吉
下沒兒孫禍百端水若朝來須得水莫貪遠秀好峯巒
審龍若依圖訣塋宅職榮華立可觀

山坡卯来龍処也言辰戌丑未来龍其埀壊必在甲
庚壬丙之内陰山陽水其山为体属陰水之氣属陽
也
玄机妙诀之因由向指山峯细之求真向支山尋祖脉
干神下穴永無憂富申巳亥騎龍走乙辛丁癸水交流
若之此山並此水白屋科名发不休
通篇皆言平洋此章乃插入山峯其義凡之山之水
可以不論山而之水之山不外不論水若遇山水相
兼之也未可但從山龍論也祖脉支山下穴干神卯
穴与水干支相配之用此祖脉乃玄空之祖脉紀山
龍之来脉也
来龍須要坐正穴沒若空時必之功范蠡蕭何韓信祖
那個靠着沒頭龍回龍朝祖玄字水穴要窩鉗脉到宮
砂揖水朝为上格羅城擁護空居中依圓立向無差謬
不是主侯卯相公
沒空之旨屢見篇中而此章反覆不已其義沒空不
但与来脉向已並重坐下之水乃为真空之氣也回
龍朝祖玄字水分明指出前朝曲水抱向穴沒成窩

鉗之形而後吧之到宮若但云空耳死生水之空之何取爭

天机妙诀本不同八卦只是一卦通乾坤艮巽纏何位乙辛丁癸落何宮甲丙庚壬來何地星辰流轉要相逢莫把天罡称妙诀錯認八卦作先宗乾坤艮巽出官贵乙辛丁癸田庄位甲丙庚壬最為荣下後兒孫出神童未審何山收此水合得天心造化工

此言時師皆泛言八卦而不知八卦之中只是一卦可用於吧一卦即天心正運之一卦也如上元以坎為统運而统運之中另有運者運之中又分小運差统運六十年有運二十年小運五年而起例必從小運也下卦沉真然後用此一卦分順逆以流轉九星便知乾坤艮巽排卦落在何宮纏在何位而衰旺生死瞭然矣

五星一诀非真術城门一诀最為良識得五星城门诀立宅安墳定吉昌堪笑庸愚多纂此妄將卦例定陰陽不向就身覓出脉又從砂水斷灾祥篩松宝照真妙诀父子相覩不肯说若人得遇是前缘天下横行陸地仙

此承上文而言天〻之九星下照于地其氣必〻注泾

入城门故天〻之陽氣注由来也观八方之城门以考

其为何卦〻之正氣雖陸地神仙不過此诀父子雖親

不肯说也

世人止爱周围为不知山私水欺倒時師但云講八卦

却把陰陽分两下陰山止用陰水朝陰水止用陽山收

俗支不識天机秘自把山就错欺倒胡行乱作害世人

福未到時禍先到

大道無多止争那些子〻一支陰可作陽〻可作

陰而陰陽之支止在得元失元而已九星得元陰不

是陰九星失元陽不是陽俗支不識此诀〻不求福

而得禍者乎

陽若無陰定不成陰若無陽定不生陽水陰山相配合

兒孫天府早登名

水〻氣属陽山为体属陰故止云陽水陰山而不云

陰水陽山

都天大卦總陰陽玩水观山〻主張胲知山情与水意

配合方可論陰陽

天乃三奇地六儀天有九星地九宮十二地支天干十
干屬陽兮支屬陰時師當論這般訣誤尽浮閻世上人
陰陽動靜如明得配合生生妙處尋
此章引奇門以比論地以奇門主地從洛書得來與
地理大卦同出一源故奇門以乙丙丁為三奇三奇
屬天為陽戊己庚辛壬癸為六儀六儀屬地為陰而
地理大卦以九星屬天為陽九宮屬地為陰其配合
生生之妙正在星卦之間一動一靜尋其生旺而已
矣

寶照下

尋得真龍之席无水城屈曲抱身歸前朝旗鼓馬相應
下後離御着紫衣
此節指山龍言旗鼓馬山龍之形象也若真龍行急
龍席之相隨亦急之則兩砂之未垂勢逆回弓似分
无此主子孫離御發達然必龍真穴的而後得此不
然則為砂无水走矣
乙字水纏在穴前下砂收鎖穴天然當中九曲來朝穴
總揚蓄諸斗量錢兩畔朝歸穴後歇定然龍在水中翻

若乃声为数钱水催官上马御街前

此下八节皆平洋形体吉凶之办。此篇言曲水缠身之格。正前篇所謂空就生正穴也。凡水之湍急者其声必大，大則神之悲泣；和平者其声必细，细則神之数钱水。

安墳最要看中陽，寬抱明堂水聚囊，出決結成玄字様，朝来鸾凤舞呈祥。外陽起眼人皆見，乙字湾身未帶長。更乃內陽生穴法，神机妙处覓仙方。

此言堂氣形局之美也。內陽生向法，即未就生正穴。

及城门一卦之诀

水直朝来最不祥，一條直是一條鎗。兩條名為插穴水，三條云是三刑傷。四水射来為四殺，八水名為八殺殃。直来反去拖刀殺，流徒客死少年亡。墈圳路街如此様，亟宜改抒免灾殃。

此节極言直水凶格，盖水神最忌木火，以其乃煞氣，与元氣也。

前水来朝又擺頭，淫邪凶恶不知羞。乾流自是名繩索，自縊已在公位求。

此曲水凶格也水神雖以曲為吉然曲処須节节盤
旋若擺頭斜去及如繩索樣皆為凶局当因其公位
以断之
左边水射長房死右边水射小兒亡水直若来当面射
中子離鄉死道旁東西南北水射腰房房横死绝根苗
贪淫男女風声悪曲背駝腰家寂寥
左边水反長房死離鄉忤逆皆因此右边水反小兒傷
風吹婦女随人走当面水反中男当断定二房多損傷
左右中反房房绝切忌墳塋遭此劫
以上数节雖義浅词鄙而其应甚速惟公位之说不
可尽拘盖地孝以左右分公位竹以寅申巳亥為四
孟子午卯酉為四仲辰戌丑未為四季故二十四山
以人元為長天元為仲地元為季当面之左右与穴
相对故左右易位也然其说不必皆驗当以震為長
男坎為中男艮為少男随其公位以断之産祸福不
爽也
一水裹頭名断城下之雖发未為榮兒孫久後房房绝
水剎秒收及主興

平洋穴取近水惟明堂須寬容不迫若一水裹頭穴
与餘氣雖环抱亦不发若面前另有一枝水射則逼
窄之氣有所發泄反不为凶也
茶槽之水实堪憂莫作蔭就一例求穴前太逼割唇脚
不見發兮反見愁
穴前水聚天心名蔭就水本为吉局若硬直深坑形
似茶槽既非在格或明堂寬曠就未見凶加以逼窄
則有凶无害矣
玄武擺頭有多般未可慳然執一端或斜或正或側出
須憑直节对堂安擺頭直出是分就須取何家就脉踪
大山出脉分三訣未许专将一路穿
此言玄武水来本合設空之格然亦須加其純雜若
擺頭曲来而又直出前去一曲一直之間就脉不一
是個分就不必分兩邊而後為分就也須察其曲来
何脉直去又何脉而後可定其何家踪跡以便下卦
假如正坐为乾偏左則为坎偏右又是兌枝云分三
訣也
家之墳宅設頭懸太陽不照太陰偏必主其家多寂寞

男孤女寡实堪憐

此即沒空之義，蓋因世人但知沒高為是坐托而不知其掩蔽陽光也。並此特言平洋格耳，若山龍則以沒高為太陽正照而吉，沒空為太陽失陷而凶，切莫錯認。

武

貪巨輔弼巨門龍，方可登山細認踪，水去砂朝皆是地，不離五吉在其中。

此形局之星也，蓋見其形局合吉方可定其方位，若二者皆吉即去水亦吉也。

祿破文廉凶惡龍，世人墳宅莫相逢，若並誤作陰陽宅，縱是奇峯到底凶。

上節言貪武輔弼巨門為五吉，此言祿破文廉為四凶，皆形局之九星也。

本山來龍立本向，返吟伏吟禍難當，自縊離鄉蛇虎害，作賊充軍上法場。明得三星五吉向，轉禍為祥大吉昌。

本山本向，八卦納甲向法也。如乾納甲，乾龍作甲山庚向之類，三星即卦爻三吉之星，五吉乃貪武輔弼巨門之形象也。

就真穴正誤立向陽差陰錯悔吝生焉為奔走赴朝廷終到朝廷帝怒形禍師不鮮就何向墳頭下了刖官星

此言時師立向之謬也差地理雖以就為重而立穴作向又迎神引氣之主宰此處不清如玉之瑕不成美器矣

尋就過氣尋三節父母宗枝要分別孟山須要孟山連仲山須要仲山接支干奇耦細排詳節節照定何脉良若是陽差与陰錯縱有是哀发不長一節有就一代发如逢新私便參商

此明发福久暫之應全在就脉之長短純雜也孟仲山詳見上

先識就脉認祖宗蜂腰鶴膝是真就要知吉地行就止兩水相交夾一就支歸同行脉絡明須認刻節別處尋平洋大水收小水不用砂關发福久水口石似人物形定出擎天調鼎臣

此節并論山就平洋言山就則取蜂腰鶴膝為過峽而水就以兩水相交為真氣之行正相交云者乃兩水会穴前而就從中出之沺正沺幹水中分出一

枝小水。引動龍神。乃為真氣之行。而小水又与大水
同聚一処。乃為真穴之正也。但須推求干支純雜。又
帰配合之理。為此宮不合。又当別求一宮。故云刘印
別処尋也。蓋幹水奔蕩不能结穴。若分出一枝小水。
环抱穴前。則千流万派。其精液皆注小水以蔭穴。所
而小水之餘液。又与大水同匯。水口則関攔緊密矣。
故山龍以砂為関。而平洋即以水為関。故以不用砂
関。而发福亦久也。若支水口捍门雄峙一方。乃山龍
大地之砂密之包裹。无水龍之用法。楊公雖若並陳。
而大旨偏重平洋。特借山龍相映發。以明其不同途
耳。

龍若直来不帶関。支並干出是福山。立得支向無差謬。
催官催禄指日間。

支並干出以四正言。即父母並子媳也。

乾坤艮巽龍過四节。之同行不混淆。向对甲庚壬丙水。
兒孫列土更分茅。

此节言四隅以干為父母。其政重在干神。如乾坤
艮巽之穴過峽起頂。节节皆子午卯酉。並無混雜。而

向対々水乃在甲丙庚壬則穴与水皆干宜配干支
相得矣然而脉是内氣向対々水是外氣两不相妨
也。差四正重支四隅重干办就審局々法不可偏廢
也。

仲山過脉不帶関三节山水同到前断定三代出官貴。
古人畢騐与虛言

仲山卯父母々卦。三节山水言三节々就与水皆仲
山也。
发神多向支神取若是干就又不同支若帶干為支帰。

干若帶支為鬼就子癸為吉壬子凶。三字真假在其中
乾坤艮巽天然穴。水来当面是真就要識真就待真穴。
也在就脉两三节三节不乱是真就乃穴定然奇妙絶。
千金难买此玄文福缘遇此与捶洩依圖立向与差谬。
富貴榮華与休歇。

发就多取支神以四正言也。支帰々真假也在子癸
壬子々办此地元為单陰单陽前不同卦。後不同氣
四正四隅皆然。而此特牵坎卦以為例也。乾坤艮巽
何以独名天然穴。差直以乾坤艮巽為就不更转尋

名色若在他卦則干支卦位不一名矣水来当面印乾就巽水之数雌雄交媾之源也至于檢就之法必要两三节不差錯則卦氣已徑不必求多于四五节之外恐人拘泥太過遇着好就当面失之紀述就之说也

一個星辰一节就之来長短定枯榮孟仲季山向雜亂数產人就上九重节数多時富貴久一代风光一节就此論就脉节数以定世代遠近之應總在行度上之純雜斷也

辨偽

地理之書古之聖人所以參天地贊化育之於事也蓋自伏羲文王周公孔子則河洛以画八卦而地理之源皆從此出厥後楊曾諸公作為經傳以发明之而以八干十二支分配八卦是地理之用在八卦而不在干支苟非細心体会未易探其微而抉其奥也後之人不明此理盲談瞎解专以干支為用豈知干支之義本于八卦乃干支而八卦之位定乃八卦而干支之理已範圍于其中矣羲文周孔作之于前郭楊曾蔣述之于後通

其理咁允丕印贤初允江湖術士計得与闻一二也予何人哉況不能登圣人之堂亦不能入贤人之室虽推日孜々死而後已而问之于心实乃未免鄉人之褒咁然而世々以予为高自位置也則亦乃说予尝见夫世々人目不識丁而谬云得传又或略观其意而俯視一切甚至乃習于利口指鹿为馬俾後之人罹其災害靡所底止咁予乃从而辨之曰此砥砆也此鱼目也此鄭声也此楊墨也而实則利口之覆邦家也嗚呼予岂好辯哉予不得已也被誠予智自雄矣而反以予为矜已傲物也予窃悲其自禍々人躯而纳诸罟擭陷阱之中而莫之知避也後之君子当亦乃以諒予心矣

心一堂術數古籍珍本叢刊　第一輯書目

堪輿類

謝氏地理書
地理學新義
平洋地理入門、巒頭圖解合刊
平洋地理闡秘（全彩）
華氏天心正運
地學形勢摘要
司馬頭陀地鉗
鑒水極玄經　秘授水法　合刊
地理輯要
地理辨正揭隱　附連成派秘鈔訣要
地學鐵骨秘　附　吳師青藏命理大易數
趙連城秘傳楊公地理真訣
趙連城傳地理秘訣附雪庵和尚字字金
山洋指迷
三元挨星四十八局圖說
張氏地理錦囊
青囊一粟
堪輿秘訣彙釋
風水正原
風水一書
金光斗臨經
論山水元運易理斷驗、三元氣運說附紫白訣等五種合刊
《沈氏玄空吹虀室雜存》《玄空捷訣》合刊
《玄空古義四種通釋》《地理疑義答問》合刊
王元極三元陽宅萃篇
王元極增批地理冰海附　地理冰海（原本）
地理辨正求真
地理小補（全彩色）
辨正發秘初稿（全彩色）
地理辨正翼
天機心竅等地理秘書四種合刊
李文田注撼龍經
家傳地理陰陽二宅秘斷
地理前五十段、後五十段合刊
挨星考注
地理三會集
三元山水秘密真訣（全彩色）
諸家風水選擇秘訣匯鈔
三元地學秘傳

易盤暨各派風水秘驗斷鈔

命理類

命理大四字金前定數（全彩色）
韋氏命學講義
命理斷語義理源深
千里命稿
文武星案上下卷
精選命理約言
斗數宣微
斗數觀測錄
地星會源斗數綱要合刊（全彩色）
皇極數（1－4）
星命風水秘傳百日通
鐵板神數（清刻足本）——附秘鈔密碼表
邵夫子先天神數（1－2）
斗數演例（全彩色）
滴天髓闡微——附李雨田命理初學捷徑
算命一讀通——鴻福齊天
命學探驪集
命理用神精華（原本）
澹園命談
命理尋源
新命理探原
滴天髓微義
蠢子數纏度
先天蠢子神數
《斗數秘鈔》《紫微斗數之捷徑》合刊
命譜
徐樂吾滴天髓微義
徐樂吾命理尋原

占筮類

擲地金聲搜精秘訣
卜易拆字秘傳百日通
易占陽宅六十四卦秘斷
湘子周易卦

相法類

相法易知
相法秘傳百日通
新相人學講義
手相學淺說
神相全編正義
相門精義
大清相法

三式類

壬課總訣（全彩色）
六壬教科六壬鑰
壬學述古
奇門揭要（全彩色）
奇門大宗直旨（全彩色）
奇門三奇干支神應（全彩色）
奇門廬中闡秘（全彩色）
六壬秘笈——韋千里占卜講義
奇門行軍要略
大六壬類闡（全彩色）
甲遁真授秘集
大六壬尋源二種（上）（下）
奇門心法秘纂（全彩色）
奇門仙機（全彩色）
大六壬尋源二種
秘鈔大六壬神課金口訣
秘傳六壬課法附金口訣
大六壬指南
大六壬探源
太乙
太乙鑰
太乙統宗捷要
太乙會要

其他類

述卜筮星相學
中國歷代卜人傳